所谓会销售，

SUO WEI
HUI XIAO SHOU

JIU SHI 就是 QING SHANG GAO

情商高

篱落◎主编

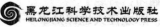
黑龙江科学技术出版社
HEILONGJIANG SCIENCE AND TECHNOLOGY PRESS

图书在版编目（CIP）数据

所谓会销售，就是情商高 / 篱落主编. -- 哈尔滨：
黑龙江科学技术出版社, 2019.7
ISBN 978-7-5719-0236-0

Ⅰ.①所… Ⅱ.①篱… Ⅲ.①销售 – 方法 Ⅳ.
①F713.3

中国版本图书馆CIP数据核字(2019)第143230号

所谓会销售，就是情商高
SUOWEI HUI XIAOSHOU，JIUSHI QINGSHANG GAO
篱　落　主编

项目总监	薛方闻
策划编辑	沈福威
责任编辑	宋秋颖
封面设计	吕佳奇
出　　版	黑龙江科学技术出版社
	地址：哈尔滨市南岗区公安街70-2号　邮编：150007
	电话：（0451）53642106　传真：（0451）53642143
	网址：www.lkcbs.cn
发　　行	全国新华书店
印　　刷	北京铭传印刷有限公司
开　　本	880 mm × 1230 mm　1/32
印　　张	6
字　　数	150千字
版　　次	2019年7月第1版
印　　次	2019年7月第1次印刷
书　　号	978-7-5719-0236-0
定　　价	36.80元

前 言
PREFACE

我们经常听到一些销售员这样感叹：为什么自己还没开口，就遭到客户的严词拒绝？为什么总感觉客户处处刁难、得寸进尺？为什么费尽周折让客户认可了产品，却在价格上谈不拢？为什么客户总是疑虑重重，害怕自己上当受骗？产生这些问题的根源就在于销售员不懂得与客户沟通。销售是一项极富挑战性的工作，也是最有可能创造奇迹的事业。每位销售员都希望能在销售行业闯出一片天地，做出一番成绩，但这并非易事，除了要挖掘渠道、人脉和平台，更重要的还是必须具备出色的与客户沟通的能力。

可以这样说：没有好口才就做不好销售。那么，销售高手到底是如何销售产品的呢？其实，他们的秘密武器就是嘴和心。他们懂得洞察客户的内心，能把话说到客户心里去。销售就是一个沟通的过程，通过沟通来掌握客户的需求，通过沟通来获知客户的心理，通过沟通来赢得客户的信任。一句话，需求就在客户的身上，所有的商机都藏在与客户的沟通之中。

普通销售员卖产品，销售高手卖信任。只有把话说到客户的心坎上，和客户交心，才能取得客户的信任，订单自然手到擒来。话说不到点子上，说破嘴皮客户也不愿听，客户不信任，销售员跑断腿客户也不会买账。因此，与客户沟通的能力是一项取之不尽、用之不竭的财富。拥有较强的沟通能力能让我们充分展现个人魅力，处处受到客户的喜爱，在销售工作中抢占商机，提升业绩。

　　本书没有列举晦涩难懂的销售理论，而是以实用为导向，通过大量生动的案例深入分析销售员面对各种情境时需要掌握的沟通方法与技巧，让读者能够内化于心，在各种销售场合都能展现出高超的沟通艺术。本书适合各行各业战斗在一线的销售员、销售培训师，以及打算进入销售行业工作或者对销售感兴趣的读者阅读参考。

编者

目 录
CONTENTS

| 第三章 |

修炼销售技巧，没有谈不成的生意　　　**069**

| 第四章 |

跟客户做朋友，赢得信任是关键　　　**099**

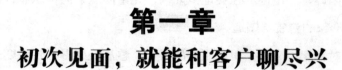

第一章
初次见面，就能和客户聊尽兴

见面前的准备让你有备无患

社会心理学家发现，决定人类行为的因素之一是我们能够保持稳定、积极的自我形象。在生活中，我们也常听到这样的话：你的形象会说话，你的形象总是在为你代言。

因此，无论你的社会地位如何，无论你从事何种职业，都离不开形象的包装与塑造。

对销售员来说，重视服装的得体、整洁就显得格外重要。对于职业销售员来说，着装一定要符合自身的性别、身份、年龄、性格、环境以及风俗习惯。通常情况下，第一次与客户会面时穿着应该是这样的：男士一般是西服套装、衬衫及与之搭配协调的领带；女士的选择范围要广一些，比如剪裁得体的套装、衬衫长裤或连衣裙、短裙。但女士在选择裙装时，一定要注意裙子的长度要超过膝盖，不要穿薄透露一类让人浮想联翩的服装。无论男女，服装的选择关键是得体，不要赶时髦和佩戴过多的饰物。

一位客户曾讲起自己遇到的一个推销员："有一天，一个推销员到我的办公室来推销他的产品。他的口才很好，侃侃而谈，销售推介做得非常棒，但是我最终还是没有选择他的产品。这其中最大的原因是他的衣着及外在形象实在让人不敢恭维，说得夸张一点，我看着他的衬衫、领带、裤子、鞋子，总是走神。在做推介时，他反复强调自己有很多老客户，曾完成了不少订单。但是，他的外在形象让我不得不怀疑他说的这些到底是不是真的。我最后没有选择他的产品，就是因为我对他的陈述不放心。"

由此可见，销售员的外在形象对销售的成功有着很重要的作用。第一印象可以在很短的时间内形成，却不可以重来。形成第一印象的众多外部特征中，以下几项是可以由我们自身来控制和改变的，须格外注意：

（1）穿着

着装上讲究稳重大方。销售员给客户的第一印象就是仪表装扮，在你说话之前，客户无从得知你的内在时，客户对你的印象只能来自你的外表装扮。一个仪表不整不修边幅的人，连自己外表都收拾不好，就不要指望别人对你有好感。

首先，衣着要适合自己。衣服要整洁、自然、大方，穿在身上自我感觉舒服。同时服装应当适合自己的年龄，如果你是一名年轻的销售员，穿得过于成熟就不太合适；如果你是一名年龄稍长的销售员，却穿得非常稚嫩也很不合适。

另外，服装应适合自己的职业，应该选择修身或显得干练的服装。如果你穿得很随意、休闲就去推销产品，不是不可以，只是显得有些另类，让人觉得你缺乏职业素养。

整体上来讲，销售员的着装原则上应稳重大方。过于花哨，过于追求奇装异服，对销售员来讲只会有害而无益。

着装要凸显细节。作为一名销售员一定要注意：即使只是细节上的瑕疵，也会使你前功尽弃，服装的搭配更是如此，一点点的失误都会有损你的形象。所以，在仪容、服饰穿戴上，你要特别注意以下细节：

①不要戴墨镜，因为戴这种眼镜容易增加与客户的距离感。另外，从心理学角度来讲，只有让客户看见你的眼睛，才能使他相信你的言行。

②在仪容上要做到勤剪指甲、勤修面。具体要求是：在销售工作中，销售员不可留长指甲，要特别注意的是指甲内不能有污垢。男士应及时整修脸面，不但每天要洗脸，胡子也务必刮干净，这样会让你看上去整洁有精神。

③进一步的细节，如果你要追求衣服的笔挺，就要穿工艺考究的衣服。如果客户非常重要，你在衣着方面就要考虑更多。例如，衬衣扣子的缝法，衣襟和扣子的材质，以及服装的类型……总之，如果你穿着考究，注意细节，那么你的销售也必定会大有成效。

④最重要的一点细节就是穿西装时，要注意自己的仪态。如

果天气热时，你总是胡乱卷着袖子，这就会影响你的整体气质，对你的销售来讲是一个失分项。

⑤作为一名销售员，你需要拎一个彰显品位的公文包而不是随随便便的电脑包。

⑥避免廉价感。如果你选择的是西装，一定要保证面料的优质，一定要能够明显地降低产品的廉价感，尽量不要选择化纤或者是 75% 羊毛一类的西装，因为这类西装很容易显得廉价。穿西装时要注意三点原则：领带的选择要平实；皮鞋的挑选要讲究；衬衣的搭配要合适。

⑦如果你选择衬衫，请一定要买有质感的衬衫。比如，看到几件衬衫，我们很容易判断孰优孰劣。

着装要体现出一定的仪式感。在销售工作中，应选择符合身份场景和礼节的服装。一般来讲，西装是全世界范围内最常见也是最标准的销售员着装。西装与衬衫、领带、皮鞋、袜子、腰带是一个高度统一的整体，它们彼此之间的统一协调，能使穿着者显得稳重高雅、自然潇洒。

如果你想表现自己的个性，可以从服装的颜色和配饰方面入手，比如男性的领带和女性的丝巾、胸针等。如果你对色彩搭配心里没底，则可以选择蓝色或黑色，这两种颜色对男士和女士来说都比较稳妥，既给人以权威和可信的感觉，又不会过于抢眼。

另外，一双光亮的皮鞋是搭配正装的不二之选，舒适合脚也非常重要，它能确保你和客户会面时能长时间站立或走动（有些情况下会面场所在办公室之外）。女士应尽量避免穿细高跟鞋出场，以避免不必要的尴尬和劳累。

（2）妆容

心理学上有一个首因效应，就是我们平常讲的第一印象。如果你能够给对方留下一个很不错的第一印象，那么你与对方进一步交往的可能性就会增加很多。作为一名销售员，你要学会展现给客户一个良好的第一印象。而第一印象的打造，是从你的妆容开始的。作为一名销售员，你要学会化妆。

现如今素颜出门的女性销售员已经不多见了，她们外出大都精心打扮。面容的美丽，或者说颜值，并不只是好看、赏心悦目这么简单。在现代社会，化妆基本上已经成为一种具有仪式感的行为。通常化淡妆可以让人看起来气色更好，五官更端庄，眉目更清秀。

整体而言，在化妆的要求上，女性要做到清雅大方，严谨内敛；男性一般不要求化妆，但是最起码要做到外表的整洁。

第一，化妆体现了一种积极的生活态度。也许你不一定很漂亮，但是如果你能够正确面对自己的样貌，并按照大众的审美标准为自己修饰妆容，这也代表着你对生活的热爱以及对他人的尊重。

第二，得体的妆容能够促进良好的社会交往。一般来讲，合适的妆容、恰当的服饰、优雅的谈吐以及良好的个人修养，可以充分展现个人的魅力。

第三，化妆是职业活动的需要。作为一名销售员，你应该更加懂得化妆的重要性。在你的销售过程中，你可以通过化妆把个人美丽的容貌、文雅的举止、干练的形象展现在顾客面前，这样会给顾客留下深刻的第一印象，有利于提升自己的销售业绩。

所谓"女为悦己者容"，在当今社会，女性之所以美容化妆，一方面是为了实现自己更美丽的愿望，另一方面，化妆能够增加自信心，合适的妆容对工作也特别重要。

作为一名销售员，更要学会一些化淡妆的技巧，从而更好地提升自己的自信心，给顾客留下深刻的第一印象，最终促使顾客购买我们的产品。

化妆是门手艺活儿，化淡妆更要讲求精巧细致。既然化淡妆总能给人留下清丽脱俗的印象，那么怎样才能打造出精致好看的淡妆呢？

整体而言，化妆应该依据时间、地点场合的变化，利用不同的化妆技巧，打造不一样的妆容：

①底妆（如粉底）要与你的肤色接近。同时，如果想让你的妆容更立体些需要修容和高光。高光在额头、下巴各打一些，在眉骨打一些，苹果肌打一层，鼻梁上打一层，这样效果就会很好。

②腮红要涂抹到位。涂腮红在化妆步骤中是十分重要的。腮红涂得好，能使你看起来面色红润，气色很好；如果涂得不好，则会使你看起来像一只花猫。

目前流行把腮红涂在颧骨和眼睛下边，这样能使面容显得年轻、可爱。若以颧骨为中心，将腮红涂在颧骨两侧的话就会显得成熟。另外，你也需要时常关注市场上主流的腮红颜色，不要以为红色与粉色就一直是流行色。腮红的流行色与衣服的流行色一样，也是在不断变化的。

③要特别注意眼线的画法。眼睛是心灵的窗户，人的眼睛表达的信息有时要比你用语言表达的信息更为丰富，更有内涵。

眼睛的化妆主要由眼影粉、眼线笔、睫毛膏这三部分构成。其中最重要的是眼线的画法，如果眼线画得好，那么你的眼睛就会看起来有神。所以你在画眼妆时，一定不要图省时省力，只是简简单单地随意画一画。相反，你要特别注意这一点。

④画眼线要讲究技巧。你需要微闭着眼睛画，不要从头画到尾。最理想的是从眼角1/3处开始画，这样睁开眼时，眼线的位置就恰到好处了。

⑤口红要显气质、不土气。如果所有的口红都用一种方法来涂，就会显得很单调。所以，你要根据唇膏的颜色来改变涂画的方法，这样才能使妆容看起来有气质、不土气。

综上所述，时代在变，潮流也在变，化妆不仅能够淡化你的年龄，表现你的个性美，同时也是生活中的一种调剂品。作为一名销售员，你需要学会化淡妆，同时注意扬长避短的化妆原则，在客户面前展示出最完美的自己。

　　总之，美观的外在形象是一个很重要的加分项。如果你不注重外在形象的包装，别人很可能不会深入地去了解你的内在。所以，即使你不是很美，也要学会包装自己。

引起客户的好奇心才能继续沟通

　　好奇心是一种特殊的心理现象，多产生于外界现象对大脑的刺激，从而使大脑某些区域处于一种亢奋状态，进而使人对外界事物产生想要关注的动机。人类社会发展与人类的好奇心有着非常大的关系，由于好奇心，人类不断探索，累积知识和文化。而在销售过程中，好奇心也是提高产品销量的重大心理动因。

　　在生活中，人们对自己闻所未闻、见所未见的事物都会格外感兴趣，尤其是对引起大家注意的东西，更是想弄明白是怎么回事。所以在推销的过程中，就可以利用人的这一特点，让客户积极主动地与销售员交谈。

　　利用好奇心达成推销目的是一种很巧妙的方法，更是一门技术。在与客户初次接触时，可以完全不提推销的事，而是先设置一个悬念，让客户在好奇心的驱使下忍不住想要探究，然后在适当的时候揭晓谜底，进而将客户引入到产品本身。如此这般，销售的难度将会大大降低。

在美国曾有一位准销员，他就是以善于制造悬念让客户万分好奇，而后成功将产品推销出去而出名的，被大家亲切地称作"悬疑先生"。每次他在拜会客户时，都会随身携带三个精致的玻璃沙漏，当客户拒绝被推销时，他就会把它们拿出来，然后对客户说："我这里有三个沙漏，每个沙漏都可以精确地计算时间，请您给我三个沙漏的时间，当第三个沙漏的最后一粒沙子落下时，我就会立刻闭嘴，无论那时候您是否想继续听下去，所以您丝毫不用担心我会占用您的时间。"

他不是只有这一个办法来吸引客户，他还有其他如闹钟、面包机、陀螺等各式各样可以计时的小玩意儿来让客户听他讲话。而接受他的建议坐下来听他说话的客户无一例外都面带兴奋、兴致勃勃，专注地听他说话。

在客户听完经过他精心润色的讲话后，都被他的言辞说动，开始逐步进入他所创造的情景中，最终高兴地购买了他所销售的产品。

销售员在拜访客户的过程中，适时用巧妙的方式激起客户的好奇心，引发客户的关注，并带出关于产品的信息，然后就可以将客户引入销售情景。

那么，销售员应该如何利用客户的好奇心来提高销量呢？

（1）设计精彩的开场白

如果初次见面的开场白能引起客户的兴趣，唤起客户的好奇心，销售也就成功了一半。有数据表明，客户从开场白获得的信息刺激非常大。

开场白有以下两种：

语言型

开场白要去掉可有可无的修饰语，直接讲出产品的优势所在，用优势勾起客户的好奇心。

行为展示型

用行为引起客户的好奇心，这些行为包括现场演示产品使用方法和使用效果等。

（2）巧妙向客户提问

向客户提问是销售活动中常用的一种销售手段，其中大有讲究。如果直接询问客户需要什么产品或者服务，客户有时会表述不清楚，或者故意隐瞒相关信息。这时销售员采用一种较为新奇的提问方式，引起客户的好奇心，客户大部分情况下会打开话匣子。

最常用的巧妙提问法是制造悬念，引导客户提问，然后给出客户答案，在一问一答之间自然而然地将产品信息介绍给客户。

推销员韩路春来到客户家推销一款售价580元的烹饪厨具，刚一说明来意就遭到客户的拒绝："这厨具太贵了，我不用这么好的厨具。"

韩路春看得出，这位客户还是很有可能购买产品的，所以第二天他再一次来到这位客户家。客户开门一看又是韩路春，张口就要他走开。

韩路春没有说话，而是掏出一个蛋形计时器，调整好时间，对客户说："先生，我只需要一分钟时间，一分钟时间一到，我立刻就离开。"

客户笑着说："那好，我看你在一分钟之内能说出什么话。"

韩路春问道："请问您知道世界上最懒的东西是什么吗？"

客户被他的问题给难住了，想了一会儿摇了摇头："不知道。你知道？"

"我知道，那便是留下来不花的钱。"

客户被他的答案惊到了："怎么能说钱懒呢？"

韩路春这时不慌不忙地说道："不花的钱就是最'懒'的东西，因为体现不出它的价值。这款厨具所用的材料是我们最新研制的超导热材料，底部吸热效率比普通厨具强一倍，能够高效吸收燃气热能，不仅起热速度快、导热均匀，而且还具有良好的储热功能，能为您节省很多能源和时间。不仅如此，这种厨具上下两层分离，可炒可煮，可蒸可炸，一锅多用，也不用再费心购买其他厨具了。因此，如果您购买这款省钱的锅，不就能让自己在每一天的烹饪过程中享受更多的快乐了吗？您不买这款厨具，看似省钱了，其实浪费的时间、精力和能源超乎您的想象，您恐怕也不愿意降低自己的生活标准吧？"

客户听了韩路春的话，觉得确实不错，于是改变主意，购买了他推荐的这套烹饪厨具。

（3）为客户提供新奇的东西

人们在潜意识里总是对新鲜的事物感兴趣，迫不及待地想要看到新奇事物。这大概就是为什么人们对于新产品信息总是那么"饶有兴致"，所以销售员可以充分利用客户的这种好奇心理来吸引他们。

总之，在拜访客户时，成功吸引客户，使其注意力集中在产品上的关键在于激发他们的好奇心。怀有好奇心的客户会主动询问或者积极参与，反之则不然。激发客户的好奇心，是促进客户进一步了解产品或服务的"火花"。发现顾客的好奇心，找到其关注的事物，以此作为切入点进行沟通，大多能够顺利打开顾客的心门，从而实现销售的目的。在引起客户的好奇心时，销售员要做到出奇制胜，但手段要合情合理并与销售活动有关，只有这样才能顺利成交。

你微笑的样子最美

　　生活中不能缺少微笑，同样，销售工作中微笑也一样必不可少。因为微笑是让所有人都喜爱的表情，它能给人留下热情、友善、亲切的印象，可以表现出对客户的关怀和尊重。乔·吉拉德曾说："当你笑时，整个世界都在笑。"在销售中尤其要注意微笑，因为销售工作本身就是与各种各样的客户打交道，所以销售员一定要牢记微笑的重要性。

　　可以说，微笑是一种全世界通用的社交礼仪，更是一名合格的销售员必须掌握的基本功。与客户第一次见面时，推销员脸上热情洋溢的微笑往往会给客户留下良好的第一印象，能让客户放下戒备心理，与其愉快地交谈。试想下，谁会忍心拒绝一名笑容可掬的推销员呢？

　　在新加坡，伊势丹商场是当地人经常光顾的购物场所。每天早上，这家商场开始营业时，售货员都会一如既往地用微笑迎接顾客。人们进入商场，在各个楼层的入口处，看到的是售货员们热情而亲切的笑脸。顾客走到柜台前，售货员会立即微笑行礼。她们会非常耐心、细致地主动介绍各种商品，让顾客在挑选商品时放心而踏实。

曾经有一位顾客说："每次去伊势丹商场，不买东西都不好意思，因为那里的售货员用持续热情的微笑深深地感动着你，所以就算是没有购买需求，也会选择买一件小纪念品。"

其实，伊势丹商场里的很多商品的价格要比其他商场同类商品价格高，但即便如此，人们还是纷纷选择光顾这里。特别是对那些经济上比较富裕的女士来说，售货员灿烂的微笑使她们感受到了购物的愉悦，所以哪怕是价格高一点，她们也心甘情愿来这里。

由此可见，有时推销员推销成功与否只在于一个简单的微笑，因为可以满足客户想要受到他人欢迎的心理。微笑可以体现销售员的自信，同时也可以给客户亲切的感觉，可以有效地拉近双方的距离，给客户留下愉悦的心理感受，从而营造融洽的氛围。所以，销售员在推销自己的产品时千万不要吝惜自己的微笑，要学会用微笑将客户留住。

一位年轻的富翁想买一辆房车，于是他来到一家汽车公司展销台咨询："我想买一辆房车。"推销员例行公事地接待了这位富翁，但是推销员的脸上没有一丝笑容，全程都是冷冰冰的。

这位富翁看到推销员没有笑容的脸就走开了。当他走到下一个公司的展销台前，推销员给予了他热情的招待。待他表达了自己的意图后，那名推销员微笑着说："没问题！我会详细为您介绍我们的产品。"

后来，富翁买下了价值 100 万元的房车。在交定金时，他对这名推销员说："我喜欢人们表现出非常喜欢我的样子，而我已经从你的微笑中看到了这一点。在这次展览会上，你让我感到了我是一个受欢迎的人。"

俗话说："面带三分笑，生意跑不掉。"就是在告诉我们，做生意的人要时常把笑容挂在脸上，这样才会讨人喜欢，客户才会愿意与其沟通交流。客户花钱来消费，肯定不愿意看到销售员愁云惨淡、冷若冰霜的样子。当客户怒气冲冲地来投诉时，销售员一张冷淡的脸只能使事态恶化。相反，如果销售员能真诚地对客户微笑，就可能感染客户，使客户改变态度。

在日本，原一平被认为是"销售之神"。许多名人都对原一平有着较高的评价。美国著名作家奥格·曼狄诺称其为"世界上最伟大的推销员"。日本普通民众更是赞誉他为"练出值百万美金笑容的小个子"。

原一平相貌平平，身高仅有 145cm。他 23 岁去一家保险公司面试时，面试官说他不可能成为一名好的推销员，但是原一平不服输，他觉得自己可以做好。最终凭借自己的口才，他进入这家保险公司。

刚开始的时候一切都很不顺利，有人嘲笑他个子矮，有人嘲笑他长得丑。但是他并不在意这些，总是幽默化解。当别人说他个子矮时，他就会说："个子矮才显得可爱嘛！"总之，他有许多化解尴尬的方法。

起初人们都不太看好他，认为他会放弃销售工作，心灰意冷地离开。但是原一平坚信"对于积极奋斗的人而言，天下没有不可以的事"。正是凭借着自己的积极刻苦，他坚持了下来。

原一平有一个特点，无论何时他都会保持灿烂的微笑，无论是别人挖苦嘲讽他，还是屡次被客户拒绝，他都微笑面对。正是他的乐观精神、灿烂的微笑打动了一位又一位顾客，他的保险业绩在公司里遥遥领先。

事实上，微笑应该贯穿于整个推销过程。比如，当客户对产品有异议的时候，推销员同样也要带着微笑。因为此刻的微笑是一种自信的表达，相信自己有能力解决客户的异议，最后让客户满意。又比如，当客户提出某些要求推销员无法满足时，同样也要带着微笑。此刻的微笑表示推销员理解客户提出的要求，也认同客户的观点，但是出于某些原则上的考虑，自己确实爱莫能助，还希望客户能多多体谅。再比如，当最后没有与客户达成合作时，推销员脸上仍然要带着微笑。此刻的微笑表示虽然双方的合作项目没有谈成，有些令人遗憾，但是经过一段时间的接触，双方已经建立起友谊，成了朋友，说不定以后还会有合作的机会。

　　销售员不需要把聪明表现在脸上，但时刻不要忘记拿出微笑。爽朗的笑容可以让客户喜欢你，也可以让客户被你的情绪感染从而达成合作，同时你的微笑也会在客户的心中留下深深的印象，为以后的成功销售打下坚实的基础。

开口第一句，赢得客户好感

　　单刀直入，可能意味着你是一个勇往直前的人，但在说话办事时这样的行为遭遇的大多是铜墙铁壁，除了碰一鼻子灰，几乎得不到任何好处。沟通时直入主题不可行，最好先来几句客套话，尤其是在面对陌生人的时候。

　　不要小看客套话，它不是虚伪和矫情，而是人际交往的润滑剂。不相识的人通过客套话可以熟络，相谈甚欢，彼此之间的沉默气氛也会变得活跃起来。对销售员来说，在正式和客户沟通之前，几句客套话能够拉近与客户之间的心理距离，使之后的销售活动事半功倍。

　　心理学研究发现，在见面开始的几秒钟内给予客户的刺激信号所留下的印象，一般比在之后 10 分钟里留下的印象更深刻。这正印证了日本销售传奇人物原一平的一句话："当客户愿意与你沟通的时候，你就相当于成功了一半。"

　　客套话并不是随便说的，而是要让客户觉得和你有话可说，甚至能够和你成为知己。那么，在说客套话时都有哪些注意事项呢？

（1）不卑不亢

"对不起，占用了您的宝贵时间。"这样的话最好不要说出口。你带着歉意说话，以为客户会认为你有礼貌，实际上客户会以为你没有什么重要的事情，而且对自己的产品缺乏自信。因此，在说话时一定要表现出自信的态度，让客户认为你相信自己的产品。

（2）鼓足勇气说出话题

有些销售新人在刚做业务的时候不知道对客户说什么，顾虑重重，导致冷场，使客户更加怀疑产品。销售员一定要放大胆子，事先准备好话题，按照既定的计划进行沟通。

杨珊大学毕业后到某商场做导购员。她上学的时候性格比较腼腆，因此在做导购的时候很少主动与顾客说话，这导致她的业绩一直不如其他导购员。

店长刘美为了帮助她改变这种状况，在一次下班后向她推心置腹地说道："杨珊，我看得出来你对服装导购这个工作还是很热爱的，但你胆子有点儿小，这样可不行。其实你不用怕，顾客就是来买东西的，只要你不说出特别偏激的话，顾客不会责怪你的。你把接受培训的时候学到的方法记在心里，到时候见机行事就可以了，千万不要紧张。"

店长的话让杨珊很有感触，她下定决心让自己迈出关键的一步。

一次，一位中年妇女带着女儿到店里挑选旅游鞋。杨珊看出中年妇女对女儿的体贴，于是鼓足勇气上前说道："您的女儿个子真高，上大学了吧？"

中年妇女乐呵呵地回答道："高中毕业考上大学了，这不带她来买双鞋吗？"

"您女儿真不错，真给您争气！以后您就等着享福吧。我看您女儿身材很好，长得很高挑，有双新款旅游鞋一定适合她。"

中年妇女顿时产生兴趣："真的？你拿给我看看。"

母女两个果然都很喜欢这双鞋子，毫不犹豫地付了款。

（3）扩大寒暄话题

销售员要培养自己广泛的兴趣爱好并扩大知识面，这样一来就更有可能把话题引到客户感兴趣的事物上。比如客户是哪里人，经常去哪里旅游，以及客户的兴趣爱好等，都可以成为寒暄的话题。

（4）避讳客户隐私

涉及客户隐私的话题是万万不能提的，除非客户主动向你提起。一般来说，涉及隐私的话题主要包括收入、婚姻、家庭情况等。假如客户主动告诉你这些隐私，那就说明你已经成为客户比较愿意接近的人了。

说出让客户感兴趣的话题，用一个漂亮的开场白为自己争得先机，也为客户带来愉快，为彼此营造熟络的气氛，之后的销售活动自然会顺利得多。

客套话并不是虚伪的开场白。一句用心的客套话能够让你很快深入客户的内心，在为客户带来愉快的同时也为你带来成交的可能。从陌生到熟悉，可能只需要一两句热络的话语，只要能营造融洽氛围，销售成功的可能性就大大增加了。

我们大多数人对陌生人都怀有一种抵触情绪，存在一定的戒备心理，这是人类心理的一种自我保护机制。因此，销售员见客户必须跨过这一步，也就是说，销售员必须解决客户存在戒备心理这一问题。因为戒备心理会阻碍双方的交流，不利于销售活动进一步开展。

怎样才能让客户喜欢与自己交流呢？那最好的办法就是找到客户熟悉的领域，使客户自然地加入到和谐的谈话中来，打破冷场，拉近彼此的心理距离。在与客户谈话前，销售员最好能先了解客户的性格，然后根据当时的气氛和其他实际情况调整自己的说话内容。

田海坤是某汽车销售公司的推销员，在一次汽车展销会上认识了一位潜在客户。通过细致的观察，田海坤觉得这位客户对越野汽车十分感兴趣，而且品位极高。

田海坤将产品手册交给客户，但客户一直没有给他回复。田海坤曾经两次给客户打电话，但客户一直说自己工作很忙。田海坤想把约见看车的时间定在周末，可客户又说周末要和朋友到郊外的打靶场射击。

田海坤发现原来客户爱好射击。于是，田海坤查找了大量有关射击的资料，还对周边地区的射击场进行了考察，并且掌握了射击的基本功。

再次给客户打电话时，田海坤没有谈销售汽车的事情，而是告诉客户自己无意间发现了一家设施齐全、环境优良的射击场。就这样，田海坤和客户约定了见面时间。

在见面的过程中，田海坤对射击发表了自己的看法，凭借自己对射击知识的了解让客户刮目相看，引为知音。

在回市区的路上，客户主动谈到自己喜欢的是豪华越野汽车，田海坤趁机说道："正好我们公司刚刚推出一款豪华越野汽车，是目前市场上最有个性和最能体现个人品位的汽车……"

毫无疑问，田海坤通过这次沟通顺利地拿下了订单。

卡耐基曾经说过："钓鱼需要选择鱼饵，你喜欢吃寿司，但把寿司放在鱼钩上是不会钓到任何鱼的。因此，你再不情愿也要用鱼喜欢吃的东西做鱼饵。"这句话的意思是说，不管你对某个话题有多大的兴趣，有多深的知识，如果客户不感兴趣，你说得再多也是白费力气。

因此，客户喜欢什么，你就聊什么，找到与客户交流的契合点。这就需要销售员放弃以自我为中心的思维方式，在话题和爱好上贴近客户。当然，这种贴近也需要条件，就如上面案例所讲，销售员要想谈论客户感兴趣的话题，自己也要对这个话题有所了解才行。

热情关切，与客户一见如故

你喜欢面对一个冷冰冰的人还是一个真诚热情的人？相信大家心里都非常明白，热情给人们带来的力量的确非常大。培根有句名言："热情的微笑往往比口若悬河更为可贵。"在人与人的交往中，大家都有着同样的期待：希望看到对方的热情。对那些个性孤傲、表情冷漠的人，则总是避而远之。

有一次，王宁为了一笔生意去拜访李先生。李先生好不容易有时间同意见面了，但双方都很客套，话题很难深入开展。

这时，王宁发现李先生桌子上有一张照片。在来之前，他看过李先生的资料，知道对方有一个女儿。照片是他女儿的大学毕业照。

于是，王宁顺口提了一句："照片中的姑娘阳光可爱，很讨人喜欢！"

没想到李先生突然有了兴趣，他很认真地对王宁说，他的女儿打小就很懂事，也很聪明，上学期间特别努力，自己非常省心。她考上重点大学完全是自己一步一个脚印努力的结果，从来没动用过他的任何资源和关系。

李先生说着，王宁也附和，并真心表示了赞美："现在的孩子，好多娇生惯养，能够保持一种拼搏精神而不依赖父母，的确很令人赞赏，想必李总给孩子带来的家庭教育非常好。"

谈话的氛围被打开了，李先生不自觉地开始谈起他是怎么教育孩子的，孩子又是怎样争气，在成长的过程中有什么故事。

当时，王宁心里很着急，非常想把话题绕回到此行的目的上，让李先生帮他达成愿望。但是，王宁知道李先生非常宝贝自己的女儿，而且也很重视她的发展，如今孩子学有所成，他更为骄傲，于是王宁也就体谅了这份心情，没有插话。

转眼已经聊了一个多小时，李先生的眼神中充满了光彩，最后话题一转对王宁说："王宁，你来的意思我都明白，不是什么大问题，我打个电话安排一下，我跟你这个年轻人很投缘。"

很多人在向别人求助的时候，开口闭口就是"我怎么样"，在沟通中，像这样只谈论自己从来不考虑别人的想法或心情的人，很难得到别人的认同。你滔滔不绝，说得再好，对方也会在心里用喋喋不休来形容你。这样何谈求成人，办成事？其实，如果你在谈话中把焦点转移到对方关心的问题上，你成功的可能性就会大大增加。

电视机推销员小琴郁闷极了，她推销电视机时口若悬河地谈论产品的性能如何如何好。但客户们反而一个个都不吭声，这可怎么办呢？

午餐时，小琴看见一位妈妈正带着两个孩子吃饭。其中那个胖胖的小男孩什么都吃，长得结结实实的，而那个看起来瘦瘦的小女孩则噘着嘴，用筷子将桌上的饭菜拨过来拨过去。那位妈妈则小声劝导小女孩："不要挑食，蔬菜要多吃，挑食怎么能行呢？"说了好几遍，小女孩还是将嘴巴噘得老高。正说话间，一位服务员走近那女孩，凑着她的耳朵悄悄说了几句话。小女孩听完思考了一下，马上开始大口大口地吃起饭菜来，边吃边盯着她哥哥。那位妈妈很费解，就把服务员拉到一边问："姑娘，你是怎么劝服我这个倔丫头乖乖吃饭的啊？"

服务员满面春风地说："其实，我发现您儿子经常欺负您女儿，刚刚在洗手间不经意听到她说一定要打败哥哥。因此，我就对她说：'想要不被哥哥欺负，你就得多吃饭，吃饱了才能长个子，才有力气，哥哥才不会欺负你。'"

旁观的小琴暗暗称绝："对啊，想要说服对方就应该从对方最关心最在意的事情入手！"

从此，小琴改变了自己的销售策略，不再滔滔不绝谈论自己的产品，而是主动询问对方的想法，从对方关心的事情入手，多与对方交流。慢慢地，小琴的业绩越来越好。

在与客户交流的时候，要压制住自己的推销欲望，先从朋友的角度出发，去关心客户正面临和最关切的问题，从而使客户放松下来，感到安全和舒适，这样才能使之后的销售顺利进行，只有你关心客户，客户才会反过来也关心你。

那么，在与人交谈的过程中如何才能找到对方的关心点呢？

（1）关注对方的注意力

当你在与人交谈的时候，如果发现对方的眼神游移不定，或者手上做出了一些很不相关的动作，你就要注意这个时候对方的注意力是不是已经不在你身上了。如果对方注意力不集中，你就需要想一想你是不是忽略了一些东西，比如一些谈话的技巧。

（2）和人谈话要抓重点

和人谈话要抓重点，才能以最快的速度切入主题。察觉了他人的心思，什么事都好办。你可以说服对方，而不被对方说服；可以与对方谈条件，而不被对方要挟；可以给对方讲道理，让对方惊讶于你的细致……能够抓住谈话重点，就等于抓住了主动权。

（3）多注意听对方的嘴边话

当你留意一样东西，会不自觉地把它挂在嘴边。即使和别人谈话，也会不知不觉把话题绕到这样东西上，可见整天挂在嘴边的话，就是人们最关心的事。只要你听得够多够仔细，就会发现每个人都有特别喜欢谈的话题，猜出他的兴趣所在，就能以此与他展开谈话。

你把对方放在心上，对方才会把你放在心上。如果你总是想着自己的那点儿事，不注意观察对方所想，那你将很难让对方接受你。如果每个人都对别人多一份关注、多一份重视，这个世界将变得更加温馨和谐。

言谈举止给客户留下好印象

哈佛大学前任校长伊立特说过："在造就一个有教养的人的教育中，有一种训练是必不可少的，那就是优美而文雅的谈吐。"

在销售过程中一般都要通过交谈来打动客户，善于交谈的销售员在生意场上会得心应手。但一定要注意举止要文明，谈吐要优雅，因为这体现着一个人内在的修养，同时也是懂礼守节的表现。因此，与客户交谈时应注意用优雅的谈吐来赢得客户的好感。

一名合格的推销员不仅要善谈，更重要的是还要有礼节。能否做到言谈有礼，将决定推销员工作业绩的好坏。因此，言谈有礼是一项很重要的基本功。

古时候，有两个卖杂货的生意人冬天在集市上卖便壶：一个生意人在街头卖；另一个生意人在街尾卖。

不一会儿，街头的生意人地摊前有了看货的人。其中一个人看了一会儿，说："这便壶挺好，就是有些大了。"街头的生意人马上接过话茬："大了才好啊！大了装的尿多啊。"听了这话，那人觉得实在不雅，于是扭头离去。

没多久，街尾的生意人地摊前也有了看货的人。其中一个老人说："这便壶大了些。"街尾的生意人马上笑着轻声接了一句："大是大了些，可您想想，冬天的夜可长呀！"老人听罢，会意地点了点头，掏钱买走了便壶。

两个生意人在一条街上做同一种生意，结果迥异，关键就在于会不会说话。我们不能说街头的生意人话说得不对，但不可否认，他的说话水平欠佳。而街尾的那个生意人则算得上是一个高明的销售员。他先认同顾客所说的话，作为与客户持一致观点的自己人来拉近与顾客的距离，然后，又以高明的话语说"冬天的夜可长呀"，这句看似离题的话说得实在是好，设身处地地提醒了顾客。只要明白卖者说得在理，顾客买下来也就是很自然的了。

一句话砸了生意，一句话盘活了生意，不正说明了"优雅谈吐"的重要性吗？一般来说，推销员跟客户说话的语气不同，客户就会有不同的反应，相应地，回答也就不同。例如："这位先生，您给的价格太低了，我们能接受吗？""这位先生，您给的价格远远超出我们的预期，我们还能再商量商量吗？"这两句话的语气大不相同，前者似乎有挑战的意思，它要传达给客户的意思是："如果你给的价格太低，那我们就没什么可谈的了。"而后者则是商量的口气，能使谈话的气氛大大缓和。

在现实生活中，与人谈话时，如果用肯定的语气，就会给别人以可信可亲的感觉；反之，如果用否定的语气，就会给别人留下冷漠疏远的印象。因此，推销员在销售过程中，要用肯定的语气与客户谈话，这样才能使客户对你所推销的产品产生更大的兴趣，也会对你本人有更深的好感。

在与客户交流时，推销员一定要注意自己的言谈举止，只有做到温文尔雅，才会受到客户的认可与欢迎。

教育基金推销员王强前去拜访他的客户陈先生。一走进陈先生的办公室，他就用大嗓门说道："嘿，这是我们公司最新推出的一款教育基金，肯定是你需要的，快来看看吧！"

"不好意思，我现在不需要这个。"陈先生回答说。

"老兄，你先别急着说不需要。据我了解，你可是个不差钱的人啊！要那么多钱干什么啊，存在银行又没有多少利息。你可千万不能做个守财奴啊！"说完，王强拿出资料，详细地给陈先生讲解起来。

尽管王强讲得很精彩，这款教育产品的确也很有价值，可是陈先生还是说出了下面的一番话："小王同志，谢谢你精彩的讲解，可是我还是要对你说'不'，这是因为你对我无礼的称呼。另外，你知道吗？我这个人最讨厌的就是别人叫我'守财奴'！"

由此可见，推销员说话有礼貌是多么重要！大家知道，推销员在工作中接触到的客户多种多样，有教师、商人等。面对不同身份的客户，推销员在谈话时要特别注意分寸。

推销员张瑞要去客户刘女士家中拜访。开门的是刘女士的母亲——一位气度不凡的老人。张瑞开口便问："请问大妈，这是刘女士的家吗？"老人脸上立即显露出了不悦的神色，慢悠悠地回答："大妈老了，不认识你所说的刘女士。"

张瑞听出了老人的不悦，但又有点丈二和尚摸不着头脑，不知道问题出在哪里。原来，刘女士的母亲是一位大学教授，如今退休在家，平时习惯了大家称呼她"老师""教授"，对"大妈"这个称呼实在不能接受。

在这个案例中，张瑞的失败就在于他没搞清楚老人的身份而称呼不当。这也启示我们：推销员在与客户打交道时，一定要格外留心注意客户的身份，善于从客户的穿着、气质、言谈举止等方面大致判断其身份特正，然后使用不同的称呼。

那么，在销售工作中怎样才能让自己的谈吐更加优雅呢？

（1）语言亲切，表情自然

与客户交谈时，销售员应大方得体，表情自然，动作幅度不宜过大，避免手舞足蹈。切忌用手指着对方讲话。

（2）谈话避免以自我为中心

在谈话时，销售员应随时关注客户的反馈，观察客户的表情、动作，判断出客户是否对谈话有兴趣。一旦发现客户对话题没有反应，应立即调整话题。

同时，应避免以自我为话题中心，自我感觉良好地滔滔不绝，从而忽视了客户。另外，要多给客户发言的机会，最好用提问的方式来让客户产生思考并发表自己的见解。

（3）多使用文雅的词汇

多使用敬语能体现出一个人的修养，也可以显示出对他人的尊重。比如，当你招待客人的时候，上茶时就应该说："请用茶。"假如你先于别人结束用餐，也应该向其他人打招呼："大家请慢用。"只要你的言谈举止温文尔雅，就可以给客户留下深刻的印象。

要成为一个谈吐优雅的销售员，就要在日常生活中训练自己的言行举止，不断提高自己的文化素养，这样在销售场合中才能自然地表现出来，从而成为销售场上的高手。

02
CHAPTER

第二章
良好的沟通方式，一言胜万语

说话在巧不在多

　　在谈话中，有一些人喜欢侃侃而谈，不管对方如何，他总是一味地说说说，说个不停，最终对方不仅不赞叹他的口才，还会为他的喋喋不休感到厌烦。我们真正要做的，是多创造机会让对方说话，将自己当作一个最忠实的听众，让说话者知道他说的话有人在听。记住，一个聪明的人更愿意把话语权交给对方。

　　一次，李媞去拜访陈总。据说这个陈总非常难缠，很多销售员都被他赶出来了。所以，李媞这次去也没有抱太大的希望。当她敲开了这位陈总的办公室大门之后，陈总对她非常热情，又是端茶倒水，又是嘘寒问暖，这反倒让李媞有些不习惯。但毕竟陈总是真心地关心她，因此李媞内心还是非常感动的。

　　坐定之后，还没等李媞介绍产品呢，陈总就开始说了，说自己的家庭生活，妻子多么贤惠，孩子多么懂事。说到高兴处，陈总眉飞色舞、手舞足蹈。而李媞只是静静地听着，偶尔点点头微笑一下，表示认可和肯定。

一个小时过去了，两个小时过去了，陈总说完了家庭，开始说自己的事业，说这些年自己如何一步步地走来，经历了多少的艰难和困苦，如何将公司一步步地做起来。说到难过处，陈总黯然泪下，李媞适当地说了几句安慰话。

整整三个小时，陈总一直都在不停地说，李媞只是静静地听着，偶尔问几个简单的问题。最后，陈总说不动了，该倾诉的都倾诉了，转过头来问李媞："姑娘，你这次来的目的是什么呢？"

李媞将产品的介绍放到了桌子上，陈总看了，二话没说就下了订单。

大多数人总想让别人同意他们的观点，殊不知自己说得太多只会让别人生厌。仔细听别人把话说完吧，关于他们自己的事和问题，他们肯定比你知道得要清楚得多。所以你应该向他们提些问题，让他们告诉你几件事。推销员是一个经常和陌生人打交道的行业，你工作的重点之一就是努力与陌生人进行沟通。你应该清楚，沟通是达成交易的重要前提。如果你无法打开对方的话匣子，订单是不会送上门的。

相反，如果你总是不让对方自由地发表观点，总是咄咄逼人，总是不断地中断甚至禁止对方发言，久而久之，对方很可能变得沉默，因为他意识到你根本不重视他的观点。这样一来，你们之间也就没有所谓的沟通了，对方很可能会疏远你，甚至和你成为敌人。

大家记住，只有聪明的人才懂得把话语权交给对方，自己甘愿做一个倾听者。

（1）集中注意力听对方说

听人说话是一门大学问，有的人经常被别人说成"左耳朵进右耳朵出"，形容他听话总是记不住。其实，一般人在听别人说话的时候，基本上能记住一半的内容就已经不错了。为避免倾听效果不良，除了集中注意力用心听之外，最好的方法是备妥纸与笔，记笔记。

（2）甘当配角，说话简洁明了

既当配角，就要选准说话时机，还要避免说起来就没完没了，喧宾夺主，抢了主角的风头。插话的时候一定要简洁明了。简洁是指说话要干脆利索，点到为止，不拖泥带水，频率要适度把握，数量要远远少于主角。明了是指话要说得清楚明白，观点鲜明，内容精练。

（3）配合对方，不要过度沉默

让对方多说，并不是让我们只听不说，因为过度的沉默会使对方失去继续说下去的兴趣。而我们少说多听的目的是在于让对方把自己想说的话痛快地说出来，从而使我们可以知晓对方的意图。因此，必要时应想办法诱导对方多说，不要使对方因为你过分沉默而不能接着说下去。

（4）善解人意，鼓动对方说话

每个人都喜欢叙述有关自己的事，让自己光辉的一面展示在对方的面前。有时侯对方可能会受到某种因素的限制不敢大胆地说出来。遇到这种情况，我们应该想办法打破限制，这样，对方就会主动地说出心里话了，这就是所说的"善解人意"。

假如对方并不是一个善言谈之人，那么就需要由我们来寻找话题引导对方。朋友们交谈离不开话题的选择，为了避免冷场，你还要懂得"没话找话"。"没话找话"需要一定的技巧，这是一种语言能力的体现，把握以下几点，相信你定能有所感悟：

①懂得借题发挥。有时，与人见面交流，很快就会陷入尴尬的局面，或者出现冷场的情况。这时，你可以拿出一些随身携带的小物件，然后引发话题。比如，你可以根据对方身上的装饰，再掏出自己身上的某个小饰物，然后借题发挥。这样也可以引发很多话题，可唤起大家交流的兴趣。

②注重生活积累。人们普遍更喜欢那些关注生活的人，也更喜欢他们所说的话，因为这些人对于生活有积累有感悟，不像一些总说些不着边际的话的人。要想有好口才，就要懂得加强自己在生活中的积累。一个人的阅历、知识、情感等是汲取养分的源泉，能通过血脉、经络使你的品位和内涵都得到提升。

③寻找共同话题。面对众人，要学会观察周围环境，寻找共同话题，把话题引向人人关心，愿意交谈的话题上面。这样大家

你一言我一语，各抒己见，就不会造成冷场。对待新认识的人也是如此，大家找到共同的话题，各自发表自己的意见和看法，就自然而然地成了朋友。

交谈是双向行为，不仅要了解对方，还要让对方了解自己，这样交谈才能逐渐深入。因此，在交谈中，除了让对方多说话，我们还应该看准形势，适时地插入交谈。我们不应该放过应当说话的时间，因为适当地表现自己，可以让对方充分地了解我们，双方也会因此变得更亲近。

只有你掌握了一定的技巧，在交谈中才能达到你的目的。你不需要试图寻找一些显得你多么博学、多么有内涵的话题来吸引对方的眼球，有的时候你只需要把真实的自己用言语展现在对方面前就可以了。

调整心态，客户说什么都爱听

销售员要懂得倾听客户说话，但倾听并非简单地竖起耳朵听。倾听要想有效，让客户感受到你的真诚，就必须表现出倾听的专注和意向，表情冷漠、一心二用的倾听是不可取的，迟早会被客户发现。

销售员在倾听客户说话时，要特别注意以下三个方面：

（1）要表现出认真倾听的样子。最好在客户说话的时候认真注视他，手上不要有多余的小动作，身体也不要僵硬地保持一个姿势不变。

（2）要表现出已经听懂了客户所说的话语。当客户讲话时，销售员可以适时通过某些动作或眼神来向其表示自己已经明白他的意思。

（3）要表现出极大的兴趣。销售员不仅要表示自己听懂了，还要对客户的话表现出极大的兴趣，否则，客户还是会不高兴。

乔·吉拉德对他的客户进行了大约一个小时的产品讲解，客户终于同意下订单。接下来他要做的仅仅是让客户走进办公室签订合同。

当乔·吉拉德带着客户向自己的办公室走去时，客户开始向他提起自己的儿子。

"乔，"客户十分自豪地说，"我儿子考进了普林斯顿大学，以后他就要当一名医生了！"

"啊，真不错。"乔回答。

乔·吉拉德在和客户一起向前走时开始观察其他的客户。

"乔，我儿子是不是很聪明？当他只有一岁多的时候，我就发现他天资聪颖，真是太让我高兴了。"

"那他的学习成绩肯定很好吧？"乔·吉拉德应付地说道，眼神却在向四处张望。

"那是当然，他在他们班级的成绩是最棒的，不然也不可能考进普林斯顿大学啊。"

"他高中毕业后打算做什么呢？"乔·吉拉德心不在焉地问道。

"乔，我刚才不是说了吗，他要到普林斯顿大学去学医，以后做一名医生。"

"哦，那太好了。"乔·吉拉德说。

客户不可思议地看了看乔·吉拉德，发现他完全没有在听自己说什么，于是，客户平淡地说了一句"我想我该走了"，便离开了。乔·吉拉德傻眼了，他不知道自己做了什么让这位客户如此不高兴。

下班后，乔·吉拉德整理总结，回顾一整天的工作，分析失去客户的原因。

第二天上午，他来到办公室之后，马上给昨天那位客户打了一个电话，诚恳地询问道："您好，我想问一下，昨天我是哪里做错了，使您生气地离开？"

"你既然想知道，那我就告诉你。乔，你昨天并没有认真听我说话。对你来说，我儿子当不当医生并不重要。你啊，真是太不尊重我了。你要记住，当别人跟你说他的喜好时，你应该好好听着，而且必须专心致志地听。"

乔·吉拉德到这时才明白自己失去这名客户的原因，原来自己犯了这么大的错误。

销售员如果没有足够的耐心，便无法用心听完客户的倾诉，达成与客户的心灵沟通。每一个人都希望自己的倾诉能够获得肯定，因此，尽管有些客户在交谈时不知不觉偏离了销售主题，销售员也要不急不躁，耐心地倾听客户的谈话。销售员就算对客户说的话提不起一点儿兴趣，甚至遭到客户的指责和批评，也要让自己静下心来，耐心地倾听。只有让客户感觉自己的每一句话都受到了重视，他才会心甘情愿地购买产品。其实，对客户耐心，最终受益的不只是客户，更是销售人员自己。

成功学家戴尔·卡耐基说："在生意场上，做一名好听众远比自己夸夸其谈有用得多。如果你对客户的话感兴趣，并且有急切地想听下去的愿望，那么订单通常会不请自来。"

原一平也说过："对销售而言，善听比善辩更重要。"

当你专注倾听客户说话，而使他像对待朋友一样和你促膝长谈时，生意自然水到渠成。从这个意义上来讲，生意不是"谈"出来的，而是"听"出来的。倾听要表现出足够的真诚，不能冷漠应付，客户会真切地感受到销售员是否用心，从而根据销售员的反应做出自己的判断和决定。倾听要专注，要表现出足够的兴趣，要使客户能像对待朋友一样向销售员倾诉，订单就会不请自来。

赞美，专挑客户爱听的说

美国著名心理学家威廉·詹姆士曾经说："人类本性上最深的企图之一是期望被赞美、钦佩、尊重。"人类行为学家约翰·杜威也说："人类本质里最深远的驱策力就是希望具有重要性，希望被赞美。"每个人都希望被赞美，在心理学上，这源于个体渴望被尊重、被认可的精神需求。

每个人都是不同的，但是每个人的心理都有相通之处。我们需要别人的肯定与认可，因而听到有人夸赞自己会觉得高兴，别人也是一样的。了解了这一心理之后，与人交际时就多赞美别人吧，收起对自己的夸奖，多赞美别人，让别人为你的夸奖而感动、而开心。

会赞美别人的人，其身上是充满正能量的，每个人都喜欢与这样的人打交道。在销售产品的过程中，能够欣赏自己的客户，这永远是一种优势。无论是什么样的客户，都需要真心的赞美和鼓励。如果推销人员在与客户交往的过程中，努力去做客户的知心人，真心赞美客户，那将是一件很温暖的事情。

小燕是一家时装店的金牌促销员，时装店并非处于整条街的黄金位置，但生意却是最好的。

一天，有一对情侣到她的店中看衣服，小燕连忙热情招呼："您好，美女，这真是一条漂亮的连衣裙，我确定您一看到它就有一种想拥有的欲望，不是吗？"

女孩说："好是好，只是太贵了。"

"我想，您大概只注意到了它的售价了，但您还应该看看这个。"小燕打开商品，"您看看这个标签，这个牌子本身就很名贵，而且信誉十分有保障，穿上这条裙子，您就拥有了品质。况且这条连衣裙是今年夏季最流行的新款，既漂亮又实用，绝对值得。来，您试穿一下，我想您一穿上它就舍不得脱了。"

等女孩试穿完后，小燕说："怎么样，感觉很好吧？"

"感觉很好，只是价格太贵了。"

"当您参加同学的婚礼或某一个重要的宴会时，您穿着这条漂亮的连衣裙一定会给您增色不少，您说呢？"

说完，小燕看看那个女孩，又看看她的男友，说："美女，您真幸运，有许多情侣到这儿都看上了这条连衣裙，可是她们的男友不让她们得到这条漂亮的连衣裙。"

小燕的一席话说得这对年轻情侣心花怒放，最后决定买下这条价格不菲的连衣裙。

在赞美客户时，语言要具体，而不是空泛、含糊地赞美。例如，与其说："您穿上这条裙子真漂亮！"不如赞美客户："这裙子穿在您身上，身段更迷人了！"后者让客户感到你说话真诚，有可信度，自然心里高兴。

一位顾客在一款地砖前停了下来，一名推销员走过来，微笑着对这位顾客说："先生，您真有眼光，这款地砖现在是我们所有产品中销量最好、最受欢迎的。"

顾客问道："价格是多少？"

推销员说："现在这款产品是 150 元一块。"

"好像有些贵，还能优惠些吗？"顾客又问。

推销员笑着询问："您家在哪个小区？"

"绿苑嘉园。"顾客回答。

推销员点点头："绿苑嘉园是很高档的楼盘啊！我去过那里，小区的绿化很漂亮，物业管理也非常完善，而且室内的设计格局也很有特色。这样舒适漂亮的房子，当然要匹配高端优质的地砖喽！"

听到推销员的称赞，顾客自然心里喜悦："你说得没错，我也觉得我们小区特别好，所以也想着好好把房子装修装修。"

"那正好啊，我们这款产品作为主打产品，现在也有促销活动。"推销员微笑着说。

最后，顾客没有再犹豫，果断定下了这款地砖。

在这个案例中，推销员以"您真有眼光"作为开场白，成功地开启了与顾客沟通的大门，接着以提问的方式了解到顾客居住的小区，对顾客所说的小区又赞美了一番。可以说这两处赞美都说到了点子上，说到了顾客的心里，这也是顾客最后选择购买产品的重要原因。

人人都希望获得夸奖，没有人喜欢指责和批评。夸赞一个人的好处不胜枚举。可是，生活中常常有人吝啬这么做，这种人理所当然不会有良好的人际关系。连这点儿小事都不愿做，甚至故意无视别人的优点，这种人除了引起别人的厌恶，根本不可能获得别人的真心认可。

请记住，与人谈话时，多去夸赞，更能打动他的心。

（1）被赞美人对你的印象分会大大增加

不管是谁，无事闲聊也好，求人办事也罢，先把赞美的话扔出去，给别人扣上一顶高帽，让别人的心里甜甜的。如此一来，对方就会感到你的气场是温和的、容易接近的，对你产生一种喜爱之情。当你需要帮助时，对方一定会伸出援助之手，帮你走出困境。

（2）赞美化解双方的矛盾

很多时候，抱怨、责怪并非解决问题的最佳方式，也不是处理人际矛盾的适当方式，它们只能让情况越来越糟糕，让人际关系继续恶化，而不是好起来。相反，一句简单的赞美却能吹散心头的阴影，化解双方的矛盾，打破人际僵局！

（3）赞美能拉近彼此的距离

赞美是人际交往中的重要一环，是拉近彼此距离的无形绳索。人人都渴望得到别人的赞美，没什么东西比表扬更能增加人的积极性了。当我们赞美别人的时候，他人就会在心中产生一种被认同和欣赏的感觉，不自觉地接受和喜欢那个赞美他的人，彼此的良好交往就此开始。在听到别人的夸赞时你是否心花怒放？答案不言而喻。其实，不管男女，大家都喜欢听别人赞美自己，或许，这就是人们骨子里需要的东西。在社交场合，无论对男人还是对女人，有效的赞美非常重要，既取悦别人，又能让彼此的沟通事半功倍。

换位思考，掌握交易的主动权

人们经常讲"顾客就是上帝"。这句话在销售界是至理名言，它的意思就是你要尽最大努力满足顾客的需求，最终获得顾客的认可，促使顾客下订单。

可是，理论是美好的，现实是残酷的。现实中有些顾客却不是"上帝"，他们为了一些自己的小利益处处刁难销售员。这些顾客还总是打着"我是顾客，我就是上帝"的口号进行购物，让一些初出茅庐的销售员很无奈。

"顾客是上帝"仍然是真理，但是销售员要学会变通，要换位思考。对于那些"得寸进尺的上帝"，我们可以采取一些积极的措施，满足他们的需求，最终促成购买行为。

就拿买车这件事来说，任何一个刚有买车想法的人，首先不会选择去 4S 店看车，而是会先在网络上查自己需要的购车资讯，然后再与身边懂车或者已经购车的亲戚、朋友或同事讨论筛选，最后确定几款适合自己的车之后才去实体店里体验。所以，客户这个时候去店里看车自然是带着许多问题去的，这就需要 4S 店的销售员站在客户的角度，切实考虑他们所关心的问题，为他们做出详细的汽车介绍，以帮助其做出最后的选择。

想想看，为什么客户去你对面的服装店买衣服而不去你的服装店？其实你们两家的衣服从品牌到质量再到价格相差无几。为什么顾客会区别对待呢？同理，为什么有些顾客喜欢到某家小餐馆吃饭，而这家小餐馆的饭菜又不是最便宜的？这是一个很有意思的心理现象，值得广大的销售员深入思考研究。

如果你换位思考、反复推敲，会发现当顾客决定购买产品时，一定很清楚购买产品的理由。有些产品也许消费者事先没想到要购买，但是一旦临时决定购买，就必然存在购买产品的理由。这就验证了一句话——存在即合理。所以，作为销售员，你一定要换位思考，找出顾客的购买理由，主动为顾客提供购买理由。一旦你掌握了主动权，也就掌握了成功的先机。

许倩倩是一个非常内秀的女孩，她的工作是珠宝店的前台兼销售。她没有非常高的学历，长相也不是特别惊艳，但是当她站在那里，她一开口，你就会被她优雅的气质所吸引。

她工作时，总是有条不紊，接待客户更是充满耐心，毕竟购买珠宝对大多数购买者来讲都是一件很有纪念意义的事情。作为销售员，她会非常耐心地了解客户的需求，为客户推荐合适的珠宝类型并解决客户的各种疑虑。

2017年12月，许倩倩接到了一个客户来电，通过电话沟通，客户被邀约到了营销中心。简单的沟通后，许倩倩了解到客户要送女友一枚钻戒作为求婚礼物。

通过更深入的沟通，许倩倩觉得这单应该是板上钉钉的事儿了。可是客户忽然接了个电话，有事需要马上离开。客户离开时说道："我们能不能晚上七八点的时候再谈一下？"听了客户的话，许倩倩爽快地答应了："可以！没问题！您有什么要求尽管提出来，毕竟买订婚戒指是一辈子的事情，我一定会全力配合的！"

当晚7点左右，许倩倩整理完一天的工作，开始准备资料、钥匙等待客户的到访。直到过了约定时间，客户依然没有到访。许倩倩通过电话联系，得知客户的紧急情况还未处理完毕，但是考虑到客户要给女朋友惊喜，而且钻戒在人生中的作用也非同儿戏，于是许倩倩就加班等顾客。等到客户再次到访，已经是晚上9点多了。看到许倩倩满脸笑容地迎了出来，客户既不好意思又很感动，很快买下了一枚戒指。

当别人问及她销售成功的秘诀时，许倩倩笑着讲道："优质的服务不仅停留在站立服务、双手接递，来要迎、走要送这些行为标准上，更应该是打心底里为客户着想，与客户感同身受，为客户提供更人性化的服务，切实为客户解决各种业务问题，从而有效地增进和客户的感情，掌握客户的现状和需求，更好地为他们服务。"

另外，她还指出，在工作中要学会化压力为动力，从失败中吸取经验，努力改进不足之处。客户体会到的是真真切切的服务，而这些服务带来的感受就来自销售员以"客户在我心中"为理念所做出的种种努力。销售工作的本质要做到深入人心，要将销售理念传达给客户，把我们"为客户服务"的宗旨有效地传达给消费者，才是销售成功的关键。

在如今技术高度发展、产品趋同的形势下，只有乐于站在客户的角度想问题，把温暖和利益最大限度地给予客户，才能最终赢得客户的心。这要求我们努力做到以下几点：

（1）角色互换，把自己定位为一个客户

虽然你是一个推销员，但你同时也是其他推销员的客户，你也有需求。因此，在平时推销产品的过程中，推销员要把自己当作被推销的客户，以客户的角度去体会客户的所思所感。这样，你就很容易与客户产生心理共鸣，从而可以拉近你与客户之间的心理距离。一旦你与客户有同感了，再谈生意就容易多了。

（2）挖掘客户需求，掌握客户的深层心理

客户对产品还有不确定性，很多时候不是推销员的解说不到位，更不是产品的质量不过关。在这种情况下，推销员首先要坚信自己的产品，而后把精力放在挖掘客户的深层心理原因上。只要你将困扰客户的心理问题解决，成交也就顺理成章。

总的来说，从客户的角度出发，想客户之所想，感客户之所

感，真真切切地为客户着想，是推销工作中的一个重要原则。然而在现实生活中，我们常听到有的推销员对客户说："我们一定会以您的感受来衡量整件事情……"可是，一旦客户真的遇到问题需要帮助，又会被以各种理由敷衍。因此，这要求我们切切实实去做好功课，当客户提出意见时，推销员有责任、有义务给他们最好的建议。只有这样，我们才能把自己的营销工作做得出色，给客户提供完美周到的服务。

正面突破不了就试试欲擒故纵

常言道：女人心，海底针。其实，不仅女人的心是海底针，每个人的心都是海底针，都是难以捉摸的。对于每一名销售员而言，最难的不是推销产品和推销自己，而是客户的心总是难以捉摸、飘忽不定。要想推销成功，必须搞定客户的心，让客户信任自己，认可产品，才能最终达成交易。

很多推销员非常真诚地向客户介绍产品，但是客户还是表示怀疑，犹豫不定。其实，在销售策略中，正面说服客户的方法只适用于小部分容易信任他人的客户，对于大多数对推销员怀着戒备心理的客户而言，搞定客户，得到客户的信任，简直难上加难，这也使推销工作很难进展下去。那么，到底如何才能让客户从被动成交变为主动成交呢？只要掌握技巧，这也并非不能做到。很多经验丰富的销售员正是因为掌握技巧，才能创造良好的销售业绩。

这个方法就是"欲擒故纵"。欲擒故纵原本是"三十六计"

中的第六计，意思是先故意放开他人，使他人放松警惕，完全暴露，然后再捉住他人。关于欲擒故纵，《三国演义》中诸葛亮七擒孟获，七擒七纵，也并非脑袋一热地感情用事，而是想要得到孟获真正的降服，从而在政治上为他所用。从这件事情上不难看出，诸葛亮的确是天下奇才，而且能够审时度势，让一切尽在掌握中。很多人不理解诸葛亮放纵孟获，却不知实际上诸葛亮始终牢牢掌握着主动权，最终才能通过孟获的降服稳定南方局面，不断扩大疆土。

在现代社会的销售工作中，假如销售员也能够灵活使用欲擒故纵的方法对待客户，那么促使客户成交就会变得相对轻松和容易。遗憾的是，总有很多销售员在销售过程中急功近利，恨不得马上就把客户的钱装入自己的口袋，导致客户产生戒备心理，也使得接下来的销售工作进展艰难。所谓欲速则不达，说的正是这个道理。

其实，客户对于销售员的正面推销往往带着抵触心理，但是对于销售员不小心出现的错误，他们却会窃喜，迫不及待想要趁着销售员出错的时候占便宜呢！在客户的这种心态下，如果销售员恰到好处地出错，给客户可乘之机，那么客户一定无法继续保持淡定和理性，反而会有些着急起来。

有个商店的老板一时兴起，进了一件非常昂贵的貂皮大衣。然而，这件衣服实在太贵了，普通人根本买不起，所以这件衣服挂在商店里三个月，虽然问的人很多，但还是没有卖出去。

老板很发愁，因为这件衣服占用了他的流动资金，他甚至不再奢望这件衣服赚钱，而只是想把这件衣服变现。为此，在一天早晨吃完饭准备开张时，他对全店的伙计说："谁能把貂皮大衣卖出去，就奖励谁半个月的薪水作为奖金。"

听到老板的话，大多数伙计都接连摇头："老板，我们实在是能力有限啊，去哪里找那么有钱的主儿呢！"

突然，有个新来的小伙计说："老板，放心吧，三天之内，我肯定把大衣卖出去。"

听到这话，其他人都觉得新来的伙计不知道天高地厚，要不就是彻底被奖金馋疯了。

次日，店里来了一个贵妇人，衣着打扮看起来非常阔气。贵妇人一进店，眼睛就紧紧盯着貂皮大衣。这时，新伙计问："这位太太，您是想看看这件大衣吗？您气质高贵，这件大衣特别适合您！"

听到新伙计的恭维，太太很高兴，便问大衣的价格是多少。新伙计挠了挠头，说："太太，我才来三天，是个打杂的，还不知道价格呢。不过，要是您能从我手里买走这件大衣，那我马上地位就提高了，一定会被老板提成大伙计。这样吧，您等一下，正好其他伙计都不在，大伙计在吃饭，我问一下大伙计。"

说完，新伙计朝着正坐在远处厨房里吃饭的大伙计喊道：

"师傅师傅，这件最贵的大衣最低多少钱能卖啊？"

正吃饭的大伙计喊道："300块钱！"大伙计声音很大，连贵妇都听得清清楚楚。

这时出人意料的事情发生了，只听新伙计说："太太，这件大衣200块钱。真贵！是吧？也只有你们有钱的太太穿得起，普通人家的夫人连问都不敢问，摸都不敢摸呢！"

贵妇觉得难以置信，小声问："多少钱？"

这时，新伙计说："对不起太太，您能声音大些吗？我小时候发高烧好几天，后来耳朵就不太灵了。"

这下子，贵妇知道刚才大伙计为什么要喊那么大声了。她心中窃喜，赶紧掏出200块钱，买下大衣就离开了。其实，她是害怕大伙计吃完饭出来纠正这个错得离谱的价格。

就这样，新伙计以200块钱的高价，让贵妇迫不及待地买下了大衣。

人总有占便宜的心理，新伙计正是利用这种心理，成功地把大衣卖给了贵妇，贵妇那么急不可待，甚至都没有讨价还价。不得不说，欲擒故纵的方法的确是效果显著。作为销售员，我们都应该深入研究这个方法，从而为自己的工作表现加分。

当销售员费尽口舌也无法从正面取得突破时，便可以采取一些巧妙的策略，从而达成销售目的，但有以下几点事项需要注意：

（1）要看准时机

在销售过程中，并不是什么时候都可以"威胁"客户的，时机很关键。一般情况下，当客户有购买意愿但还是有些犹豫时，使用"威胁"方法能产生意想不到的效果。它就好比一种催化剂，能让客户不再犹豫，立即做出购买决定。相反，如果一个客户根本没有购买意愿，你去"威胁"人家，那只能适得其反，让客户反感你、讨厌你。

（2）给客户留出思考的时间

虽然你"威胁"客户的目的是让他尽快做出购买决定，但这也是需要一个缓冲期的。客户会结合自己的情况，对你"威胁"的话进行一定的思考。因此，你要给客户留出思考的时间，不要让他马上就下单，否则，客户会产生一种被你强迫购买产品的感觉。

（3）与正面说服相结合

在使用"威胁"手段的时候，最好与正面说服相结合，以免给客户造成不愉快。这就要求销售员不要一味地坚持自己的观点，在你"威胁"客户之后，客户之所以迟迟做不了决定就是等着你再让一步。这个时候，如果你能适时满足客户的要求，那么他就会顺势下台阶，决定和你签单。

此外，现代社会很多公司还会采取饥饿营销的方式，造成产品供不应求的局面，其实也是利用欲擒故纵的方法。诸如之前大卖特卖的苹果手机，甚至还要加价才能买得到，就是因为限量。当然，对于小的经营者而言，饥饿营销的方式用起来总显得没有那么底气十足。不过，就算是一些小摊贩也同样可以欲擒故纵。诸如有些摊贩会故意雇人在摊位上排起长队，营造供不应求的假象，这实际上就是为了使客户对他们的产品更感兴趣，也更愿意购买。当然，在使用这种方式营销时，摊贩其实还利用了人们的从众心理。

但是需要注意的是，凡事都要适度，否则就会物极必反。在使用欲擒故纵法与客户交流时，要注意采取恰到好处的语气，否则一旦伤害客户的自尊，激怒客户，营销工作就必然会失败。此外，使用欲擒故纵的方法促使客户成交，不管最终的结果是成功还是失败，销售员都要做到不动声色，不被客户觉察，否则就会失去客户的信任，可谓得不偿失。当然，销售的过程处于不断的发展和变化之中，销售员必须机智灵活，随机应变，才能保证欲擒故纵法取得成功。

巧用开放式与封闭式提问

　　你问我答，你问一句话，我也只答一句话，这样的提问枯燥乏味，效果不佳。想要了解更多的信息，就必须问更多的问题。然而，绝大多数人不喜欢连珠炮似的提问，问得越多，烦得越快。其实，提问是一根线，一句话就可以牵引出无数的观点，开放式提问尤其如此。

　　所谓开放式提问，是指需要对方做出大量解释说明的提问方式。在销售过程中销售员可以通过开放式提问获得客户更多的真实想法，以最少的问题明晰客户的购买意图。

　　一般来说，开放式提问主要包括以下典型问法：

　　……怎样；如何……

　　您通常都是怎样（如何）应对这些问题的？

　　您希望这件事得到怎样的解决才算合理？

　　为什么……

　　为什么您会对这种产品情有独钟？

为什么您会面临如此严重的问题？

什么……

您遇到了什么麻烦？

您对我们有什么建议吗？

您对这件产品有什么看法？

哪些……

您对这件产品有哪些看法和意见？

哪些问题您最感到头疼呢？

您觉得这件产品的优势主要在哪些方面？

与客户刚开始接触时，销售员需要与其建立良好的关系，努力营造一个友好而又轻松的洽谈氛围。因为开放式提问没有对回答的内容做太多的限制，客户自由发挥的余地比较大，客户不会觉得唐突，融洽的气氛容易营造起来，所以提出开放式的问题是很好的选择。

王凡峥是一家软件公司的销售员，这一次通过电话向客户推销一款财务软件。王凡峥事先了解到，这位客户一直对推销软件的电话比较反感。因此他在打电话之前仔细考虑了一番，决定用开放式提问法引导客户的思路。于是，他拨通了客户的电话。

王凡峥："张总，您好，我是软件开发公司的小王，有几个问题我想向您咨询一下。"

张总："哦？什么问题？"

王凡峥："张总，我们公司最近经常收到一些客户的询问，他们经常询问与库存管理、产品分类管理以及账务管理方面有关的问题，并且希望我们开发一款能够解决这类问题的财务软件，不知道您在这方面是不是能够提供有效的建议呢？"

张总："唉，对于这个问题，我最近也正在烦恼呢。我们公司虽然有专人负责财务，但是办事效率太低了，而且经常出错，尤其是人员流动的时候，财务漏洞更是多得数不清。"

王凡峥："是吗？张总，那我请问一下，贵公司目前使用的是什么财务管理软件？"

张总："我们公司目前规模不是很大，用不到财务管理软件，人工做账就足以应对了。"

王凡峥："这倒也是，现在人工做账的公司还有很多。向我们公司咨询的那些公司也都是人工做账，由于工作分配不够细致、没有条理，所以出了一些问题。好在现在问题都解决了，不用再为这件事情发愁了。"

张总："是吗，他们是怎么解决的？"

王凡峥："他们使用了××财务管理软件，不仅节省了人力，而且每天都能够清楚地了解当天的产品进货、销售以及存货情况，并对畅销产品和滞销产品的比例、进出账、欠账和拖款情况等有精细化的记录。"

　　张总："这款软件这么有效果？那我在哪儿可以买到这款软件呢？"

　　王凡峥："这样吧，张总，我下午4点到你们公司，您看方便吗？我会把软件带过去，再为您的员工讲解一下软件的使用方法，您看可以吗？"

　　张总："可以，真是太好了，下午4点我等你过来。"

　　王凡峥："那好，就不打扰您了，再见张总。"

　　张总："再见。"

　　销售员需要注意的是，开放式提问也存在着问题松散自由、难以深度挖掘的缺点，不便于资料汇总、统计和分析，难以进行量化处理，而且容易在谈话过程中"跑题"。为了避免出现此类问题，销售员必须明确提问目的，使问题围绕目的展开，而且提出的问题要具有逻辑性，循序渐进，前后呼应，使问题串成一个问题链，并在事后对答案进行整理、筛选、归纳和总结。

　　开放式提问不会给客户造成太大的应答压力，可以让客户直抒胸臆，做出大量的解释说明，而这里面就包含了大量的需求信息。客户一般乐于接受开放式提问，不仅能向销售员提供有价值的信息，可能还会对其工作提出一些建议，更有利于销售员进行销售工作。

话语就像是流水，至满则溢，至散则涣，说得太多未必一定是好事。想要掌握关键信息，尽快寻找目标答案，最好进行封闭式提问。

对封闭式提问，客户回答的范围比较窄，答案也较明确和简单，通过这种提问销售员可以缩小话题范围，收集比较明确的需求信息。

封闭式提问的常用词语包括"能不能……""对吗？""是不是……""会不会……""多久"等。比如：

"您是公司的总经理，我相信您一定非常关注公司的业绩，对吗？"

"目前贵公司是不是采用网络销售方式销售产品呢？"

"会不会是因为这方面的因素才导致您的供货推迟呢？"

封闭式提问除了收集明确的需求信息以外，还可以建立与客户的关系。封闭式提问话题范围窄，比较容易回答，陌生客户容易参与进来，但销售员的提问方式必须能够激起客户的好奇心。只要能够激起客户的好奇心，就能引起客户的注意，并赢得他的时间，从而有机会将对话进行下去，与之建立良好的关系。

比如，在向陌生客户提问时，第一句问："我能问您一个问题吗？"这个问题几乎不会遭到拒绝，客户会停下手中的事情，好奇我们的问题是什么。在此基础上，销售员便有机会继续跟客户谈下去。

在实际销售活动中，开放式提问和封闭式提问并非单一运用就能说服客户的，很多时候将两种方法结合会取得不错的效果。

远光灯饰城的导购员刘敏霞接待了这样一个客户。客户在店里逛了很久，脚步一直未停，但迟迟拿不定主意。刘敏霞当时正在柜台为另一个客户结账，看到这个客户一直在溜达，而旁边的店员不闻不问，她觉得丢掉这个机会太可惜了，结完账便主动迎上前问道："您好，先生，欢迎光临远光灯饰城，请问您想选一款什么样的灯？"

客户说："我想买一款护眼灯。"

刘敏霞问："是您自己用还是给小孩子用呢？"

客户说："给我家小孩子用的。他的学习压力太大，晚上要写作业，我担心他的眼睛太疲劳，所以来选一款护眼灯。"

刘敏霞说："好的，您看一下这款海豚护眼灯怎么样？"

客户看了一下价格标签，吃惊地说："不会吧，这款护眼灯的价格太高了吧！"

刘敏霞说："我们的护眼灯价格是比较实惠的，而且买护眼灯不能光看价格，最主要是看质量如何，是不是对眼睛有保护作用，您说是不是？"

客户说："那倒也是，但你推荐的这款我觉得不太喜欢。"

刘敏霞问："为什么？您是不喜欢它的造型，还是不喜欢它的颜色？"

客户说："颜色稍微深了一些。"

刘敏霞说："您看一下这款浅蓝色的怎么样？这种颜色被灯光一照比较柔和，而且男孩、女孩都是适合的。"

客户说："我还是觉得价格高。"

刘敏霞说："如果您对其他方面都满意，我们可以再谈一下价格的问题。"

客户说："其他方面都很不错。"

刘敏霞："那就好，如果您现在购买这款护眼灯，我们还会赠送一个精美礼品，您看怎么样？"

最终客户接受了刘敏霞的报价，购买了海豚护眼灯。

在这个案例中，刘敏霞就使用了大量封闭式提问，使每一句话都紧紧围绕客户的购买动机，而且配合开放式提问，比如"您看一下这款海豚护眼灯怎么样？""您看一下这款浅蓝色的怎么样？"等，让客户不至于受到太多封闭式提问的压力，缓和了沟通气氛。开放式提问和封闭式提问的交叉使用获得了不错的沟通效果。

封闭式提问可以使客户的回答紧紧围绕自己的购买动机，缩小了话题的范围，更有利于销售员准确地收集客户的需求信息，与客户建立良好的关系。开放式提问和封闭式提问的结合更有利于销售工作的开展。

第三章
修炼销售技巧，没有谈不成的生意

专业素养是销售的基石

在知识经济时代，作为一名销售员，如果我们缺乏知识，就如同建设高楼却没有打地基，是无法立足的。在刚开始从事销售工作时，我们可以没有钱，没有好的物质资源，但不能没有知识。

优秀的销售员要对自己的知识结构有一个清晰的认知。这个认知内容必须是全方位的，包括销售产品的专业知识、销售技巧、法律知识，还包括一些人情世故及其他各种各样的综合类知识。你有了这样的认知，才能有条理地去学习，去充实自己，同时你所学到的知识又在一定程度上促使你不断调整自我认知，最终促进你在销售方面的成长。

在你的知识结构中，专业知识最为重要。只有扎实的专业知识才能让顾客信服，你才可以高效地解决顾客的问题。销售技巧是让销售员和顾客产生联系的纽带。

销售员需要掌握的 6 个技能：

技能1：良好的沟通技巧。作为一名优秀的销售员，你必须有良好的沟通技巧。必须学会打破沉默，用你的智慧或幽默或其他特点打动顾客。主动与顾客沟通，而且要善于沟通，要培养自己找到合适话题的能力，与顾客迅速建立起良好的关系，从而提高你的销售业绩。

技能2：乐观自信的情绪。乐观自信的情绪是会传染的。当你能够乐观自信地展示你的产品，你的顾客就会对你的产品产生信任。如果你不能以一种良好的情绪来表述出你的产品的核心卖点，顾客自然不会对你的产品放心，那么你的业绩就会受到影响。因此，你要保持乐观向上的心态，只有这样，你才能够在潜移默化中影响顾客，使顾客能愉快地购买你的产品。

技能3：强烈的工作欲望。强烈的工作欲望是一个人在事业上成长成熟的标志。如果一个销售员没有强烈的进取心，那么他对任何事情都不会太投入。倘若你在销售工作上总是很积极，客户也会觉得你是一名努力的销售员，即使他们此时不购买你的产品，也会对你有深刻印象。只要你坚持下去，你的口碑就会越来越好，你的销售事业自然也会更上一层楼。

技能4：坚持不懈的努力。万事开头难，任何工作都不是一蹴而就的，销售事业当然也不例外。你与顾客的交往总会在刚开始的时候屡屡碰壁，这是很正常的。你所要做的就是不要灰心，要坚持不懈地去争取顾客的信任。只有秉承"坚持就是胜利"的理念，你才有可能渡过难关，赢得客户的青睐，取得辉煌业绩。

技能5：主动积极地接受新鲜事物。销售员由于工作特性，必须保持头脑灵活，要积极主动地接受新鲜事物，做到触类旁通，活学活用。接受新鲜事物可以增加知识储备，丰富视野，使你在与顾客沟通时更有魅力，帮助你准确抓住商机，取得销售的成功。因此，对新鲜事物的接受能力是衡量一个销售员工作能力的重要指标。

例如，当传统营销逐渐走向末路时，一些优秀的销售员往往能够通过敏锐的洞察力为自己找到新的出路。电话销售以及网络销售就是敏锐的销售员发现的新出路。那些最初在网上做销售的人士，已经成为销售行业的领军人物。所以，销售员要把眼光聚焦在新生事物上，特别是那些新的通信工具上，利用新的销售途径打开新的销售模式，勇于尝试，做第一个吃螃蟹的销售员往往会有很好的回报。

技能6：从容冷静的头脑。只有拥有了冷静的头脑，你才能做到遇事不乱。作为销售员，难免会遇到形形色色的客户，你首先要稳住自己的阵脚，这样才能从容面对。太过情绪化的销售员往往会碰壁，所以，你需要时常保持从容冷静的头脑。综上所述，销售是一项艰苦的工作。作为一名销售员，你要明白销售不易，做一个成功的销售员会更难。因此，你要努力学习专业知识，而且要在你的销售实践中去努力地践行你的专业知识。

努力成为自己所属行业的专家，无论道路多么曲折，你也一定要持之以恒，要有一种"走自己的路，让别人说去吧"的精神。

业余和专家的差别在于付出的多少。如果你想成为销售领域的专家，没有付出，没有刻苦钻研的精神，没有毅力，你是不会成功的。只要坚定信念，拼搏进取，努力成为销售领域的专家，未来你一定会感激自己曾经无怨无悔地走过的奋斗之路。另外，你还需要明白，专家是相对的，对知识的学习与探索是无止境的。如果想要在销售领域有所成就，你就必须不断学习营销领域的最新知识和最新理论，还要不断拓宽知识面。只有不断地完善自我，才能不断进步，逐渐成为销售领域的专家。

有什么更简单的方式让我们成为某行业的专家吗？

世界上并没有捷径可走，最好的办法就是自己不断地努力付出。具体来讲，要成为销售专家，你必须经过以下三步：

第一阶段，必须有海纳百川、兼收并蓄的精神。

何为专家，就是有足够的知识、丰富的人生阅历、独特的思想，在某领域有建树的人。如果一个人不谦虚，专业知识又匮乏，那么这个人的路会越走越艰难。销售员应该虚心接受别人的建议，还要主动学习新知识。

你要善于听取同事对你的建议，或者善于聆听不同的声音，只有听得多了，听得杂了，你才能在不同声音的碰撞中，找到属于自己的销售灵感。

你还要善于反省，反省自己是否及时学习并吸收新知识、新观念。反省是进步的动力，如果你能像先贤那样，做到"每日三省吾身"，那么你不进步谁进步呢？

第二阶段，要以业务为导向，主动提高自己的销售技巧。

要成为销售行业的专家，就必须重视自己业务的发展，在实践过程中主动提高自己的销售技巧。销售技巧虽然只是业务变革的一种工具，但如果你能够好好地利用这项工具，你的销售事业就会发生前所未有的变化。销售员只有好好地学习并在实践中落实自己的销售技巧，才能够成为销售界的行业专家。

作为销售员，你必须明白，事物的发展总是在曲折中前进的，个人的发展也不例外。要想成功，你必须对你的未来充满信心。此外，你还必须在实践过程中，愈挫愈勇，屡败屡战，不断磨炼自己。只有经历了销售这场没有硝烟的战斗，你才能在失败中吸取经验教训，进一步提升自己的销售技巧。

所谓"不积跬步，无以至千里；不积小流，无以成江海"，销售技术也需要日积月累，才能更加符合客户的需求，跟上时代的变化，最终为我们的销售事业保驾护航。

另外，对客户而言，最有价值的就是你所提供的信息和服务。而你的信息和服务要被客户心满意足地接受，就必须以良好的销售技巧作为手段。

作为一名优秀的销售员，只有理解和分析客户需求，掌握必要的销售技巧，主推你的主导产品、主打业务，你才能够进一步打开消费市场，赢得属于自己的辉煌。

第三阶段，要学会灵活善变，因人而异做销售。

当你体会到"急顾客之所急，想顾客之所想"的重要性，你就会真正地学会换位思考的方式，为客户提供恰当的产品或服务。

如今，市场竞争日趋激烈，"求变、求创新"已经成为商家必不可少的生存法则。对销售员来讲，求变不仅是要善于运用新的销售技巧、利用新的销售渠道，更重要的是要灵活善变，根据客户的需要，做出最合适的产品推销。

这个求变、求创新的过程，也是销售员从被动宣传介绍到主动营销的完美蜕变。历史上许多销售奇迹都是在求变的过程中诞生的。无论是亚马逊，还是阿里巴巴，都在不断地求变求突破，主动颠覆传统理念，打破原有流程，推出全新业务模式，最终他们都创造了一个又一个的商业奇迹。

行业巨头们是如此，个人的销售更是如此。

在我们日常的销售实践中，我们要善于总结经验教训，切实把握客户的真实需求，只有一步步地积累，我们才能成为众人眼中的英才，在销售领域运到"一览众山小"的境界，成为实至名归的行业专家。

以上三个阶段，只是对如何成为行业专家的宏观解答，要落实到实际生活中，仅仅以上三步是不够的，你还必须努力做到专心致志，做到精益求精，对任何销售细节都必须一心一意地去做，并力求做到极致。

稍微施加压力，客户更愿意买

在销售中，很多时候尽管销售员说得口干舌燥，客户还是不为所动。这种情况下，如果能给客户一点小小的"威胁"，让对方意识到如果此刻不做出购买决定，那就会给自己带来很大损失，也许会有意想不到的收获。

张婷是某保健器材的销售员，正在向客户李先生推销健身产品。她刚对产品做了简单的介绍，李先生就有点不耐烦地说："对不起啊，张小姐，我目前没有这方面的需要，如果以后我有需要了，再跟你联系好吧，你的电话号码我已经存上了。"

张婷知道这是客户的推托之词，于是，她赶紧说："李先生，我听说您的父亲就要过七十大寿了，伯父的身体一直都很好哈！"

没想到李先生叹了口气，说道："哪儿啊，老爷子的身体大不如前啦。虽然平时也很注重养生保健，但毕竟上了岁数，身体状况是一天不如一天了。"

张婷马上接过话茬："老年人平时的保健是挺重要的，但也要注意适当运动，一来能增强身体的抵抗力，二来能保持一个愉快的心情。"

李先生点头说："是啊，锻炼身体是很重要，可是老人家毕竟上了岁数，强度上也不好掌握，有时候怕他累着，又怕他一不小心摔了。"

张婷赶紧说："李先生您不用担心，我这里正好有适合老年人使用的保健器材，专门为老年人设计的，在安全性能上您绝对可以放心。"

接下来，张婷就开始详细地向李先生介绍起保健器材来。当她发现李先生似乎有购买意愿，但又有点犹豫不决时，她赶紧说："您说也真是巧了，正好伯父要过七十大寿了，您把这款保健器材作为祝寿礼物送给他，岂不是很好？而且，不巧的是，现在这款产品我们公司只有两台了，下一批货要等一个月以后才能到，您说您是不是很幸运啊！"

"好的，那我就订一台！"听了这话，李先生马上就做出了购买决定。

如果不是销售员最后跟客户说"这款产品我们公司只有两台了，下一批货要等一个月以后才能到"，也许客户还是下不了购买的决心。可见，在销售过程中适时地给客户一点"威胁"，让他觉得如果现在不买对自己会有损失，那么交易成功就顺理成章了。

通常情况下，在成交关键期，很多顾客都会因为某种原因而犹豫不决，下不了购买的决心，这时候销售员一定不要急着催促客户下单，而应该沉住气，保持冷静，搞清楚客户犹豫不决的原因：是嫌价格太高，还是对产品质量不放心，又或者是觉得暂时还没有购买这个产品的必要……搞清楚后再寻找适当的时机与客户沟通，及时促成销售。

大多数的销售员经常会犯一个表面看上去不是错误的错误，那就是买与卖之间的身份转换问题。通常情况下，买家和卖家的身份往往是不对等的，买家总是以高高在上的姿态对待卖家，内心深处总认为自己付出了金钱，就应该从卖家那里得到最好的服务与尊重。正是出于这样的心理，很多销售员在推销的过程中，在和客户洽谈时，常常会不自觉地产生一种自我认定的自卑心态，总觉得自己在求助对方，甚至是在麻烦、骚扰对方，所以在客户面前变得小心翼翼、唯唯诺诺，唯恐哪句话说错了或说得不妥让客户心生不满，完全不敢展示出自己的真实面貌与风采，以致很多原本可以谈成的交易，因为客户对其印象不佳而宣告失败。

这种心理是完全错误的，推销员在与客户对话时，不能先给自己设定一种心理上的弱势地位，一味地去讨好和迁就对方。其实，买家与卖家之间是完全平等的关系。买家付出了金钱，享受到了相应的服务或者帮助，因此，作为卖家一方的销售员，根本没有必要让自己有低人一等的感觉。恰当的做法是，本着与客户互惠互利的原则，与客户交谈时态度热情但不谄媚，语言风趣但不低俗。在整个推销过程中，自己的一切言行都应该围绕推销目的而展开，都是为了把产品推销出去。在这个前提和基础上，我们要把握好谈话的深度与节奏，要让客户感觉到我们所做的一切，都是站在对方的角度考虑的。我们并不仅仅是在提供一种产品，更多的是为客户提供服务与帮助，这样客户自然能够比较愉快地接受我们。

在与客户沟通时，销售员当然希望客户顺着自己的思路和想法展开行动，直到做出购买决定。但是如果客户犹豫不决，而销售员把自己的意愿强加给他，肯定会引起客户的反感和拒绝。

这时，销售员要在准确了解客户需求的基础上设计出两个选项让客户做出选择，这就是所谓的"二选一"原则。

营销界有一个典型的"二选一"的故事。有两家面馆相邻，不论是店的档次还是面条的价位都差不多，但奇怪的是，第二家面馆的营业额总是比第一家高很多。后来，一位营销学老师点出了问题的关键。原来是他们两家的沟通话术不同，第二家巧妙运用了"二选一"话术，这才让食客消费更多。

第一家面馆的服务员一般会这样问客户："您要不要加鸡蛋？"

第二家面馆的服务员这样问客户："您是加一个鸡蛋还是两个？"

这就产生了不一样的结果，绝大多数的客户在第二家面馆吃面时会选择加一个鸡蛋，而只有很少的人在第一家选择加鸡蛋。

在销售活动中，不管是与客户交谈还是与合作伙伴沟通，销售员合理利用"二选一"技巧都会对结果产生有利影响。

在接到"二选一"的问题之后，绝大部分客户都会在这两个选项之中选择一个，这时，其思维方向已经被销售员所主导。无论客户回答哪一个选项，销售员都已经掌握了主动权，引导着销售活动的下一步发展。

经验丰富的销售员一般都熟练掌握了这一沟通技巧，将客户的思维引导进入自己的思维中，而且绝大多数情况都能成功。

比如："只要您购买这款电冰箱，我们就送电饭煲或是豆浆机，您要电饭煲还是豆浆机？"

"您喜欢白色的还是蓝色的？"

"公司的师傅是明天过来安装还是周末安装？"

"您用现金支付还是刷卡支付？"

"您要买这一款还是那一款？"

"二选一"法虽然效果很好，但并非适用于任何场合，而要在适当的时间使用，通常是在客户犹豫不决时用来促进成交。销售员不能在客户没有足够了解和信任自己的情况下使用"二选一"法，盲目地使用这一技巧只会适得其反。在使用"二选一"法时，销售员一定要注意语气和态度，不要造成对方的紧张和退缩，要让客户在轻松愉悦的状态下做选择。

假如客户犹豫不决，拿不定主意，销售员可以合理运用"二选一"法，为客户提供两种选择。"二选一"的选择会在潜意识中影响客户的决策，使其不管选择哪一种方案都能达到销售员的目的。

到达促进成交阶段时，销售员千万不能因为激动和焦急而说出"你要不要买"这样的话，这种话不是对客户的引导，而是催促，遭到客户拒绝的可能性很大。

做出承诺就要按时兑现

在销售中，承诺是难以避免的，这也是我们获取客户的关键方法。但是不可过度承诺，最起码你的承诺要与你的能力成正比。假如你是一个百万富翁，你说要为难民捐献巨额金钱，会有人相信，觉得你是一个有同情心的富人。可是如果你穷得叮当响，却大言不惭，说能使人一夜暴富，别人会相信吗？

其实，作为销售员，一方面你要遵守承诺，要根据自己的能力适当做出承诺，而不是过度的承诺；另一方面，你要尽最大努力完成你的承诺，如果能够超额兑现你的承诺，那么你在顾客心中的地位就会大大提升。

1797 年 7 月的一天，一个仅有 5 岁的小男孩不慎失足坠崖身亡。男孩的父母伤心欲绝，最终决定在孩子跌落悬崖处，为孩子立一座坟墓。

后来，这个家庭家道中落，男孩的父亲不得不转让自己的土地。但是，男孩的父亲向土地的新主人提出了一个特殊要求：让孩子的坟墓永远保留在这片土地上。

听了故事后，新主人同意了条件，并为此写了一份契约。

100 年过去了，这片土地更换了多家主人，但男孩的坟墓一直被保留着。1897 年，这块土地又被征选为格兰特将军的陵园，男孩的坟墓依然被保留下来。就这样，小男孩的坟墓与格兰特将军的陵墓成了邻居。

又一个 100 年过去了，在 1997 年 7 月，格兰特将军陵墓建成 100 周年时，人们重新整修了格兰特将军的坟墓，同时也整修了男孩的坟墓，并在碑文上刻下了男孩的故事，以及关于契约的故事。

这份延续了两百多年的契约揭示了一个简单的道理：只要许下承诺，必须要始终坚持。

每个客户在购买一件产品前，都希望得到销售员的承诺。他们希望从你手里买到的产品质量有保证，不会有任何风险，而且确实有很强的实用性。销售员在向客户保证时一定要注意，千万不要许下你做不到的承诺，哪怕这一单你最后完不成也不能不负责任地随意向客户做出保证，否则一旦最后无法兑现，你会损失更多，你会失去这个客户以及其周边所有的潜在客户资源。

其实，你给客户的承诺越多，客户从你这里获得的安全感越低。与其利用华而不实的承诺暂时留住客户，还不如从客观实际出发，为客户做出真实有效的承诺。作为一名合格的营销人，我们想要在自己的工作岗位上取得不俗的业绩，有所建树，就必须摒弃这种"饮鸩止渴"的短期"自杀"承诺行为。要知道，个人品牌和形象是无形资产，我们必须在实际工作中坚守住底线。

销售员必须了解潜在契约。何为潜在契约？就是那些口头上的承诺。一般来看，那些以文字形式确定的契约大多数人都能遵守，因为一旦毁约，就会受到经济或者法律上的惩罚。然而很多人不遵守口头上的契约或是一些并不明显的契约形式，因为他们认为那只是说说而已，既然没有"白纸黑字"的材料来证明，所以无须重视。殊不知这样做，哪怕只有一次，客户都不会再主动与你有生意上的往来。如果客户再向外界宣传此事，那么你的口碑也就毁掉了，最终导致的必然是你生意上的挫败。

例如，当你真在做一个项目时，你与对接的同事约定在某个时间做完交付，这就意味着一个契约的建立。或许这件事并不是你的主要任务，在对方提出截止日期之前，你就应该根据自己的进度与其商量，一旦定下口头上的承诺，你就要不遗余力地去完成。

另一方面，作为优秀的销售员，你要学会衡量承诺实现的可能性。许多销售员都有这样一个坏习惯，当别人提出请求时不假思索地答应了，一点也不考虑实施起来的难度，直到做的时候才发现难度较大，自己根本做不成，最终还得向顾客说明情况，连连道歉。虽然道歉很有礼貌，但在顾客那里，你就成了盲目自大、不守承诺的人。

所以，当客户提出请求时，你的第一反应不是答应或者拒绝，而是考虑这件事情实现的可能性。当情况未知或者你无法保证时，尽量避免使用绝对性的词语，例如"绝对""百分之百完成"等。你要学会适当地给自己留一些退路。你要学会说"我会尽全力去做这件事的，但结果的好与坏我还不确定"，如果这样说，客户一方面看到了你的诚意，另一方面也会觉得你是个信守承诺的商家。

契约无处不在，作为一名销售员，你要遵循契约精神，不要做一个自认为很聪明的"时时讲变通"的人。那些违背契约的变通者，最终会被市场淘汰。

身处现代化的社会，技术变革加快，互联网技术的发展也是日新月异，我们遭受大量信息的狂轰滥炸，我们的时间也变得碎片化。在这样碎片化的时间里，我们的精力也被分散了，有时甚至会忘掉一些很重要的承诺，例如与朋友的约会，与客户的商谈等，由此造成失信于人，这是很不应该的！作为销售员，要切记：遵守时间，按时兑现自己对客户的承诺。

在销售行业更应该做到在规定时间内兑现承诺。如果做不到，你很可能会受到一定的经济处罚甚至法律制裁。其实处罚还是次要的，关键是一次不守信用的行为可能会严重影响你的口碑，最终导致你的业绩越来越差。

那么，如何才能给承诺一个完美的期限呢？

（1）你要考虑到商品的运转问题，包括商品的数量运转、商品进入市场的时间周期等。如果客户需要大量的货品，而你暂时没有足够的库存，你就不能立即给客户一个明确的日期，你需要做各方面的调查与准备，确定一个最合适的时间，再给客户一个满意的回答。即使客户需求再迫切，倘若你真的没有十足的货源，你也必须这样做。不能为了抢客户，三下五除二就签下了订单。如果最后没完成订单，你就要给出相应的赔偿。赔偿是小，有损名誉是大。所以你在给出承诺之前一定要三思！

（2）你需要了解客户对产品的需求程度。所谓"知己知彼，方能百战不殆"。如果你发现客户急需一批货物，而且数量巨大，很多商家的库存都不够，你的库存也是如此。此时你就需要花高价去其他地方收购，然后与客户商量，说你可以在最短的时间内筹措到所需要的货物，与客户进行签约，这样做，你可以很快地拉住客户。如果你的货物在规定的时间内安全到达客户的手中，质量又不存在问题，那么你就相当于拉住了一个忠实顾客，因为你解了客户的燃眉之急。

（3）期限的完美与否，其实就是一个供需问题。如果你能充分地了解产品在市场上的供需状况，那么你定下一个完美的交货时间还是比较容易的。另外你要记住，虽然完美是相对的，没有绝对的完美，但是你要尽你所能，把销售给客户的产品做到品质最高、残次率最低。好的质量配上完美的期限，才会使客户满意。长此以往，你与客户的合作形成良性循环，你的销售也会更上一层楼。

此外，兑现高品质内容和高附加值产品的承诺也必须实现。高品质的产品是获得客户认可的保证，高附加值的产品又能够使你在客户那里得到很高的附加分。倘若你能在遵守时间的基础上，保证产品的高品质与高附加值，同时又能持之以恒，那么你在客户心中的地位将会越来越高，你的名誉也会越来越好，再通过进一步的口碑宣传，你的销售业绩也将越来越好。

报价是门技术活儿

在价格谈判时,客户会本能地还价。为了避免客户拼命还价,销售员可以提出多重报价,给客户三种以上的选择方案,使其关注点从还价转移到选择最合适方案上,从而使双方的对立立场模糊,能够尽快达成一致。

所谓多重报价,就是指给客户提供多种选择方案,而不是只有一种。在与客户商谈价格问题时,如果销售员直接报价,并且只有一种报价,客户不管报价高低都会本能地还价。假如报价从低到高给出三种方案,客户便会将注意力放在选择最好的方案上,从而忽略还价的想法。客户可能会在心里琢磨:"第三种方案价格太高,第一种方案价格低,但价值不充分,看来还是第二种最合适。"

不过,销售员不能把多重报价当成"万金油",它并非万无一失。客户可能会提出一些对其有利的要求,比如用最低的报价买最高报价的方案,还要求分项列出单价。销售员千万不要按照客户的要求做，因为这样就给了对方逐项还价的机会。

客户如果喜欢第二种方案，很可能会要求我们把这种方案的价格下调。客户的这一要求不是不能同意，但客户必须做出交换。客户要么舍弃一些对他来说不太重要的项目，要么提供一些对销售员有用的东西，比如将销售员介绍给其他客户。

销售员要坚持谈判的原则，除非有交换，否则不轻易降价。轻易降价容易会让客户觉得报价有很大水分，从而降低对销售员的信任和尊重。如果能采用交换的方式，销售员既不会损失利益，还能让客户更信任自己。

销售员与客户是对立的两个阵营，尤其是在价格谈判时，双方都憋足了劲儿想要获取自身最大的利益。多重报价则将销售员与客户从对立的两方转化到同一阵营。客户面对多重选择方案时会认为自己是在主动选择，而不是被动地与销售员展开价格拉锯战，因此更容易与销售员就谈判条款达成一致。

利润是销售价格与产品成本的差价，在成本不变的情况下，售价越高，利润也就越高。因此，销售员都希望自己的产品能打开销路，受到客户的欢迎，并且以非常满意的价格售出。

不过，销售并非买与卖这么简单、纯粹。有时产品的销路打不开，为了吸引客户关注购买，有些销售员报价很低，认为这样更容易促成交易，但结果并非如他们所想的那样，往往是赔了产品又折了利润。有的销售员则用高报价来增加利润，不过报价高并不意味着产品就会以较高的价格成交。

不管第一次报价如何诱人，客户都会希望获得更低的价格，所以销售员一定不要把价格说死，要留有一定的降价空间，以避免陷于被动。

除此之外，销售员要限制向客户降价的次数。通常来说，降价次数不要超过两次，并告诉客户不宜降价的原因，让客户打消继续讨价还价的念头。比如："我们直接和厂家订购，省去中间环节，节约了广告费和进场费用，所以说这个价格已经是最低价了。"

销售员还要善于利用资源营造为客户着想的感觉，比如向客户赠送礼品，这样一来，尽管价格不能再降了，但客户也能知道销售员是在尽力帮他获取最大的利益，从而获得客户的体谅。

总之，销售员在刚开始时一定不能把价格定得太死，无论如何都要给接下来的讨价还价留有余地，否则销售工作就很难正常展开，销售成果更无从谈起了。

报价要适当灵活一些，给自己留条后路，因为不管价格多低，客户总会以价格过高为由议价，因此报价应适当高于成交价才能在不影响利润的前提下满足客户的心理需求。同时，为了防止客户步步紧逼，销售员要限制自己的降价次数，并用赠送礼物等方式化解客户的坚持。

谈判是一种沟通，如果一拍即合自然皆大欢喜，但更多的是产生分歧，相互争论，这些都是谈判中的常态。为了使整个谈判活动有序进行，更为了使双方达成各自的目标，任何一方在遇到分歧时切不可随便爆发情绪或者固执己见。

这时让步便是其中一方必须做出的行动。让步无可厚非，但谈判高手永远不会无条件地让步。即使一方认为自己提出的条件不能获得对方认同，也要提出来。如果因为害怕对方拒绝而不敢提出条件，便是无条件地让步，只会让对方觉得你很懦弱，甚至得寸进尺。

在销售工作中，销售员提出自己的条件以后，可能因为客户不同意而做出让步，但如果客户还是嫌自己获利太少，坚持要求销售员再次做出让步，此时，销售员必须坚守底线，不能在不该退让的时候做出让步。毕竟让步不是无条件的，更不是无休止的。

事实上让步并非不可，也不是因为心虚或者能力差才做出的，最主要的是如何在让步时防止自己的利益受到损害，还不至于伤害自己的面子。其实在谈判活动中的让步有点像是在战场上交换战俘，一个换一个。所以，当谈判陷入僵局时，销售员要敢于提出条件，并以合理的方式让对方也做出让步。

王媛青在大学学的是英语专业，在暑假时没有回家，而是来到二姨在北京的服装店帮忙。

有一天，店里来了两位外国女孩，都觉得某件连衣裙非常好看。尽管衣服上用阿拉伯数字标着价格，但其中一位女孩仍然用蹩脚的中文抱怨说看不太懂，要不就是说衣服太贵了，希望能便宜点。

刚开始，店里的另一名导购员接待了这两名外国女孩，但她们磨了好一会儿都没有解决这件事情。正巧王媛青送走了自己的客户，于是主动走过去用英语和外国女孩打招呼。

王媛青问："你们是不是真的喜欢这件衣服？"两名外国女孩微笑着连连点头，但是要求便宜一点儿。王媛青说："可以便宜点儿，不过你们得买两件，这件衣服之前从没有单独卖过这么低的价格。"

那两个外国女孩本来只想买一件，但听了王媛青的话，互相商量了一下，最终同意了王媛青的提议：买两件，一人一件。

让步是一种策略，当然不是在谈判场上临时想出来的，而是在谈判前就已经做好了规划和准备。让步是双方共同的行为，而且应该幅度均等，循序渐进。一般来说，让步的幅度先大后小，这样就能给对方降价越来越困难的感觉。比如第一轮先降 5%，第二轮降 2%。如果先降 2%，再降 5%，客户会感觉降价幅度有扩大的可能，下一步可能会要求再降 10%。

让步不是随随便便就做出的决定，一定要谨慎，更要让对方感觉到让步是经过权衡之后做出的，这会让对方体会到销售员让步的不容易，更容易有满足感。天下没有免费的午餐，也没有毫无理由的让步，销售员要培养自己的意识，认清每一个让步都有其目的性。

另外要注意一点，一旦涉及核心问题，即使对方做出让步，我们也坚决不能让步。对方很有可能通过自己的次要条款来交换我们在核心条款上的让步。对方的次要条款和我们的主要条款量级不同，一旦互相做出让步，就成本而言，我们做出的让步比对方大得多，十分不公平。

让步是经过深思熟虑的策略，如果在谈判时产生分歧，我们要根据实际情况做出让步，而且要以对方同样做出让步为条件，双方让步的幅度要相当，这样才能公平。为了让客户信服，销售员要让客户感觉到让步的艰难，以此来巩固客户对获得让步的满足感，进而加快达成交易的进程。

找到信号再出手

俗话说："心急吃不了热豆腐。"对销售员来说，成交是一件令人激动的事情，但迈向成交阶段的步伐是急不得的，如果过度热情，过于主动，往往会适得其反，客户反而会因为你的过度热情认为产品质量有问题，为了防止自己上当受骗，也就对你避而远之。

因此，销售员一定要在发现客户的购买信号以后再推进成交。所谓购买信号，是指客户在洽谈过程中表现出来的成交意向。

有利的成交机会并非无迹可寻，当客户产生购买欲望时就会不自觉地发出购买信号，可能客户自己也没有感觉到或者不太愿意承认被我们说服，但购买信号不会骗人，它直接反映了客户真实的想法。

当客户产生购买欲时，往往会发出以下几种购买信号：

表情信号

客户的表情真实反映其内心想法，比如客户的目光对产品关注还是分散，客户是面带微笑还是表情严肃等。

语言信号

客户在言语中流露出来对产品的看法，比如称赞产品的质量，挑剔产品的样式，询问交货时间和地点等。

行为信号

客户通过行为举止无意流露出来的购买信号，比如不断触摸产品，对着产品点头，拍拍销售员的肩膀等。

一般情况下，购买信号复杂多变，以上几种购买信号往往会交织在一起出现，主要的表现有以下几种：

（1）当销售员将有关产品的细节和交易条件阐述清楚之后，客户表情严肃认真，将交易条件与竞争对手的条件做对比，这就说明客户有着很强的购买意向。

（2）坚持砍价是一种非常有利的信号，每一位有购买欲的客户几乎都会要求在价格上有所优惠。销售员不能轻易让步，首先要明确客户是否确定想买而又存在支付上的困难。假如并非如此，让步只会让客户变本加厉、得寸进尺。销售员可以询问客户购买的数量，然后根据数量来考虑价格与折扣。这会让客户觉得销售员是在认真考虑这件事，而且头脑非常灵活，自己很有可能获得比较好的折扣。

（3）客户要求详细说明使用方法、注意事项以及保修等售后服务。销售员一定要耐心解答，并诱导对方提问，从而打消客户的顾虑，使其迅速做出决定。哪怕客户三番五次地就同一个问题询问，销售员也不能急躁，而是要耐心地回答，使客户最终了解清楚。

（4）客户会抱怨其他公司的同类产品。这是成交的好机会，但销售员切不可过分附和客户，更不能主动批评或者诋毁其他公司及其产品，只要重点强调自己产品的优点即可。

（5）客户改变了对待销售员的态度，由之前的不冷不热、爱搭不理转变为热情接待、喜笑颜开，态度明显好转。这说明客户对销售员产生了足够的信任，愿意听取其建议。这时销售员就可以提出交易条件，询问客户的购买意向了。

（6）客户出现反常行为，尤其是当客户犹豫不决时，往往会以不同的行为表现出来，销售员要善于发现、捕捉客户的这些行为。比如，突然换一种坐姿；下意识地摆弄钢笔、手表等；沉默不语时，眼睛一刻不停地盯着产品的说明书、样品；与销售员的空间距离缩短；询问同行人的意见。

其实，要想发现客户的购买信号，销售员就需要与客户进行充分的沟通，无论是向客户介绍产品还是报价，都要对客户的心理需求做出正确的判断，在客户发出明确的购买信号后，用一个恰当的流程完成面向客户的销售工作，从而达成交易。

某品牌服装公司新推出一款西装，该西装刚上市，该公司销售员季东就去服装商场推广这款西装。

一位店老板只看了一眼就问道："这一套西装多少钱？"

季东笑了笑说："价格的确很重要，但西装穿在消费者身上，重要的是他们能否穿得舒适，西装的样式能否入他们的眼。"说着，他转移话题，开始与这位店老板就这款西装的样式、颜色和质地展开了一番探讨。

季东大概说了半个小时，店老板听完以后对这一款西装非常满意，决定先批发20套进行试卖："假如卖得好，我再从你们那儿进货。"

这时，季东报出了价格："一套西服1200元。"

店老板望着西装嘟囔着说道："我觉得有点儿贵啊。"

季东微笑着说道："我刚才已经向您详细讲述了这款西装的情况，它的质地非常好，款式新颖，是我们公司在经过大量市场调研之后做出的符合消费者需求的独特设计，尤其符合白领上班族的穿着需要，因此商场定价少说也在2000元，您的利润空间大得很！"

店老板听了连连点头，同意季东的说法，很快就和他达成了进货协议。过了一段时间，这款西装的销量果然不错，这位店老板便打电话给季东，又进货了100套。

假如季东一开始就透露价格，在之后介绍西装样式、质地的过程中，店老板就会找出多种理由向下压价，季东就会相当被动，被店老板牵着鼻子走。

因此，销售员在没有发现客户的购买信号之前不要急着向客户销售产品，你越是着急，客户反而产生偏不买的逆反心理。而且一旦在客户产生强烈的购买意愿之前就透露价格，客户只要发现产品的某点不足就会想方设法地砍价，使销售员处于被动地位。

俗话说"上赶着不是买卖"，在客户还没有表现出强烈的购买意向时就透露价格，不利于最后的成交。购买信号是促成销售的一大有利线索，当客户通过语言、行为或者表情透露自己的购买意向时，销售员应该善于把握机会，迅速出击，用合理的价格与客户达成一致。

第四章
跟客户做朋友，赢得信任是关键

建立信任是一切的基础

销售的本质，其实是销售信任。人与人之间信任的建立，是从相互之间的交集开始，这些交集可以是生活、工作，也可以是感情。人们的交集越多，那么彼此之间的信任感就越强。

销售心理学可以帮助销售员了解顾客消费心理，是每个销售员必须掌握的。销售心理学的关键是培养销售员将心比心和换位思考的能力。在实际的销售过程中，销售员只有积极地换位思考，想顾客之所想，急顾客之所急，才能够与顾客建立良好的信任关系，才能进一步地谈判、签约，才能有更好的销售业绩。

销售其实就是要先建立信任感。只有获得顾客的信任，才会产生购买行为。一个成功的销售员往往把自己 80% 的时间用来与顾客建立信任感，其余 20% 的时间用于签单。在很多时候，你通过 80% 的情感付出，就能获得足够的信任感。有了信任感，谈成生意也就变得易如反掌。

曾有人说，这是一个"卖光信任换钱花"的时代，也许言语中有夸张的成分，但也能折射出当今社会的营销危机——有些销售员唯利是图，致使消费者对销售员缺乏信任感。如果销售员能够在自己的销售行为中增加信任感，诚信经营，那么必定能在激烈的市场竞争中脱颖而出，走向成功。

说到信任营销，不得不提的就是苹果公司的信任营销，以及苹果公司立足于市场的"苹果营销三原则"：

第一个原则就是培养共鸣，赢得消费者的信任。苹果公司的创始人之一马库拉说："我们做的就是紧密结合顾客的感受。我们要比其他任何公司都更好地理解使用者的要求。"这就充分体现了苹果公司培养共鸣的原则。同时苹果公司坚持认为，要培养与消费者的共鸣，就必须促使消费者与他们产生长久的信任。

第二个原则是培养专注力。只有专注，企业服务才能更专业；只有专注，生产产品才会精益求精。

乔布斯曾说："决定不做什么跟决定做什么同样重要。"乔布斯个人的专注力特别强，他会专注于核心产品和某些重要业务，砍掉一切其他业务。正是他的果敢和专注，促使了苹果的腾飞。

1997年乔布斯重新执掌苹果公司时，苹果公司的产品线非常多。乔布斯觉得业务过多，必然影响产品的质量。于是他提出，苹果公司以后只注重生产四种类型的产品，分别是拉动消费型产品、专业型产品、便携型产品以及台式型产品，其他类型的产品全部停止。这样他就可以把其他项目的优秀人才和资金释放出来

专攻这四种类型的产品。最终苹果公司走向了辉煌！

第三个原则是向客户灌输苹果产品的内涵。有些人确实会以貌取物，所以苹果公司坚持把自己最好的产品全面而细致地展现在消费者眼前。

只有你把自己产品的外在形式、质量、价格、售后服务等信息全面地灌输给消费者，消费者才会买账，信服你的产品。如果我们用一种玩世不恭、潦草马虎的态度面对消费者，消费者必然认为我们的产品不怎么样。但是，如果我们全心全意地向消费者展示产品的创新性、高质量等特征，他们就会对我们的产品倍加信任。

同时，乔布斯认为要做到信任营销，必须做到以下五点：

第一，营销者必须充满人文主义精神。只有以消费者为本，考虑到消费者的感受和需求，营销者才能获得消费者的认可。乔布斯的原话是这样讲的："苹果之所以能与人们产生共鸣与信任，是因为在我们的创新中深藏着一种人文精神。"

第二，营销者的动机是满足消费者的需求，而不仅是赚钱。只有你的产品满足了消费者的真实需求，消费者才会对你的产品产生信赖。乔布斯说，自己做企业的目的是创造伟大的产品和打造优秀的公司，而不是赚钱。

第三，营销者要秉承完美主义的理念。苹果公司在产品的生产过程中为了追求完美，经常将方案推倒重来。工作人员与团队也付出了巨大的努力，耗费了巨大的精力，最终做出了让消费者产生共鸣的产品，建立了与消费者的信任关系。

第四，要培养多学科思维的能力。综合的思维能力能够激发出非凡的灵感，从而创造精致的产品。产品的精致可靠，必然能够赢得买家的青睐。

第五，要坚持打造一流的团队。只有你的团队能力强，你的产品才能获得消费者的认可。苹果公司在产品研发与制作的过程中，一直秉承着"用一流人才做一流的产品"的制作标准。

正是由于苹果公司坚持以上五原则，并积极培养消费者对产品的信任，苹果公司形成了稳定的信任营销模式。现在每逢苹果公司推出新款手机，即使价格不菲，购买者还是络绎不绝，这就是信任营销的力量。

接下来，我将为大家讲解销售员如何利用消费者的消费心理营造信任感：

（1）抓住消费者崇尚权威的心理，为自己的产品进行包装，提升买家对产品的信任。这其中比较典型的宣传方法就是请知名专家为产品做担保，借助专家的声明提高产品的可信度，或者借助国家知识产权的专利对产品的权威性进行说明。

（2）利用明星效应和消费者的从众心理，对产品进行宣传介绍，从而赢得消费者对产品的认可。一般来讲，明星代言的产品在市场上的号召力是比较强的。同时明星代言的产品会自带光环，促使广大消费者争相购买。作为销售员，可以从这一现象深切地感受到从众心理的力量。同时要利用从众心理，加大对产品的宣传，赢得消费者的信任。

（3）利用人们爱美的消费心理，在产品销售时，为产品设计一个高端、健康、科技感爆棚的包装，这样消费者会觉得你的产品很高级，高级的产品质量肯定也差不了，从而增加对你的产品的信任。所谓"人靠衣裳马靠鞍"，同样，产品的外在形象也非常重要。所以，作为销售员，一定要把自己的产品包装设计得精益求精，满足消费者的审美需求，这样才能进一步赢取消费者的信任，为产品热销打下基础！

（4）利用人们追求完美的心理，宣传自己的产品在细节处理上的优势。所谓细节决定成败，比如同样是销售服装，而且销售的是同样款式的衣服，有些人能够销售得特别好，有些人的业绩却始终不见起色。那是因为销售好的人员善于在产品的细节上进行大力宣传，他们会说自己的产品用料极佳，产品的做工一流，产品的样式也新颖时尚。人们就会在这样的宣传下，在自己追求完美的心理驱动下，最终购买产品。

综上，只有利用消费者的消费心理，在销售环节赢得消费者的信任，同时打响自己的品牌优势，才是销售成功的关键所在。任何销售员或商家的价值链，首先是信任链。一旦争取到消费者的信任，那么等待你的将是生意兴隆！

诚信，是销售的立身之本

销售的过程是销售员与客户沟通谈判的过程，通过与客户的沟通取得客户的信任，进而让客户订购产品，达到成交的目的。对客户诚信是销售员最基本的素质，诚信比成交更重要。

诚信是人的基本美德，无论何种职业，诚信都是最大的职业道德规范。人们之所以信奉诚信，就是因为诚信能在人与人之间的交往中起到沟通的作用，使双方彼此信任，愉快相处。那些销售业绩很好的销售高手大都是讲求诚信的人。

一个犹太人在印第安人居住的部落附近开了一家店铺，但印第安人围着店铺只看不买。这时印第安酋长来了，他挑了四样东西，跟老板说明天拿四张貂皮来付账。

第二天，酋长却拿来了五张貂皮给老板，而且第五张是特别珍贵稀有的那种。老板却说："你只欠我四张貂皮，我只收下我应得的。"推让了半天后，酋长满意地笑了。

随后酋长走出店铺对外边的印第安人说："来吧！跟他做买

卖吧！他不会欺骗我们印第安人！"

当天，老板店铺里就堆满了貂皮，抽屉里也塞满了现金。再后来，这个老板成了远近闻名的商人，成了当地少有的百万富翁。

这个故事告诉我们：做销售，做买卖，讲究两个字——诚信。说到就一定要做到，这不仅是经商之道，还是做人之道。

诚信是做销售的基本保证，没有诚信就做不了销售。销售员在工作中不讲诚信，愚弄、欺骗客户，表面上看是损害了客户的利益，实际却是在损害自己的利益，因为客户会吃一堑长一智，不会再次上当。

林肯说过："一个人可能在所有的时间欺骗某些人，也可能在某些时间欺骗所有的人，但不可能在所有的时间欺骗所有的人。"对于销售员来说，道理也同样如此。销售员耍的小聪明、小手段即使取得成功，这种成功也不是长久的，想要赢得客户的信任，诚实守信才是细水长流的好办法。

自古以来，做生意都信奉"人无信不立，业无信不兴"。如今，诚信是销售员价值连城的无形资产。良好的个人信誉是一个立足长远的销售员应当具备的最基本的品行和能力。成功的销售员之所以业绩突出，就是因为他们坚持诚信为本，坚信诚信比成交更重要。

古时候有个年轻人叫张三，在集市上开了家酒馆，取名"实惠酒家"。

开始的时候，他店里的东西很实惠，碗大，酒香，价钱也非常公道。每天生意兴隆，客人爆满，不到天黑酒就卖完了。张三心里这个美啊，但是为了能赚更多，他就打起了坏主意，他把大碗换成小碗，卖的却还是大碗的价钱，并且骗酒客说在酒里加了名贵的中草药，所以才换小碗。

由于客人相信张三的话，人不但没少，还比以前更多了。张三又赚了不少钱，他尝到甜头后一发不可收拾，开始往酒里加水，而且越加越多，于是客人便慢慢地越来越少了。

一天，店里来了一位白胡子老先生，问张三："你这店里怎么会这么冷清啊？拿笔来，我告诉你一个秘方。"张三拿来纸笔，老先生写了两个字："诚信"。张三于是把酒馆的名字改为"只赚一文钱"。

从此，张三诚信经营，坚持一碗酒只赚一文钱。没过多久，店里的生意又兴隆起来了。

做销售需要精明，但精明不等于欺骗。许多人都认为说谎、吹嘘等手段在销售过程中是值得一用的，甚至认为是必需的。他们制作虚假广告，以欺骗的手段引诱消费者购买；打击竞争对手的产品乃至侮辱他们的人格，混淆产品和服务的来源等。殊不知，当他们的钱包鼓起来的时候，自己失去的比得到的要多得多。

　　自古以来，做生意的第一要诀就是讲诚信，只有真诚待人、童叟无欺，才能做大做强。弄虚作假只能欺骗一次顾客，最后还是难逃失败的命运。俗话说"百金买名，千金买誉"，这说明了信誉的重要性，"誉"比"名"还可贵，同时也说明信誉是要花大力、下大本钱才能形成的。

　　所谓"一锤子买卖"，就是商家以赚钱为目的，不考虑产品的质量，不注重产品的售后服务，只是打着高品质产品的口号，然后打一枪换一个地方，四处高价售卖劣质产品。这种行为是极其可耻的，所有以诚信为本的商家应该铭记"诚信是金"的道理，摒弃一锤子买卖的商品销售行为。

　　既然一锤子买卖做不成，也不能做，那么销售员应该秉持着什么样的理念和原则进行商品的销售呢？

　　很简单，那就是坚持诚信经营的原则。诚信经营说起来容易，但在高额的利润面前，很多人都会动摇，甚至不惜做一些违背职业道德、违背良心的事情。所以，作为销售员，你要坚持不懈地"将诚信进行到底"！

　　但是在实际生活中，有些人经商却依然用奸商法则。具体表现为：缺斤短两、以次充好、言而无信，甚至坑蒙拐骗，嘴上说得天花乱坠，却名不副实，遇到顾客投诉，便以解释权归己所有这样的规则进行搪塞，毫无道德底线。

　　现如今是互联网时代，一旦人品出了问题，会被迅速传播，谁还敢与你合作？所以，做大事靠做人，做小事也靠做人。做人不一定是特别善于维护人际关系，言行端正、在商言商便好。在商言商是一个特别好的词语，它代表了利益平衡的交换，也代表了合作的准则。

然而在现实生活中，有的小商人的谈判技巧是奉行有话可说或有话不说的原则。而这些原则来自两个因素：一是不诚信；二是利用信息差。两个都说了，能赚钱的可能性就不大了。

人是利己的，但首先要利人，唯有利人，才能利己，这便是我对一锤子买卖的思考。

有时候，我也经常思考小商人不能成为大商人的原因。

小商人之所以是小商人，除了关系网外，为人不诚，善做一锤子买卖的行为是不是导致其发展不顺利的要素呢？

我希望，作为销售员，当你还是一名小商家的时候，跟客户谈判时，要坚持实事求是的原则，要根据事实情况来推销商品，对客户承诺，可以做什么，不可以做什么，什么事情有空间可以发挥，什么样的行为明确拒绝。

毫无疑问，一个讲诚信的商家才值得人们尊重，也才拥有长远发展的根基。"钉钉子往往不是一锤子就能钉好的"，对诚信的践行则需要"一锤接着一锤敲"，服务也要紧跟其后。只有这样，我们才会获得无穷的臂助，最终成为"讲诚信的赢家"。

付出真心自然会得到真心

"受人滴水之恩，当以涌泉相报。"对于大部数人来说，投桃报李是人之常情，所以销售员的感情投资也会得到回报。

客户就是上帝，销售员与客户之间的关系就像追求者与被追求者，比起把对方追到手里，该如何经营这段"感情"是更重要的环节。

人是有着丰富感情的高级动物，没有感情的人是不存在的，不为他人付出感情的人在这个世上也绝对找不到。感人之心莫过于情，销售员在售后服务过程中应该学会给予客户必要的情感关怀。晓之以理，动之以情，相信只要付出真心，就一定能感动客户。

你用真情对待客户，客户也会真心对你。买卖双方有感情了，生意也就好做了，你也拥有了长期、稳定的销售渠道。

感情因素是人与人交往最原始的驱动力，谈生意也不例外。培养与客户的感情，最终能感化客户，使其做出购买选择。谷歌创意营销首席战略官阿比盖尔·波斯纳（Abigail Posner）曾经说：
"在市场营销中我们不能低估情感因素，应当理解这种无声的力量的重要性。"

阿比盖尔关注美，关注生活。她凡事都讲究亲力亲为，非常注重与客户的交流，而且她总能细致入微地观察客户，了解客户的生活习惯，了解客户的爱好，了解客户的真实需要。通过这些必要的了解，她总是能够和客户培养起感情，最终建立长期的合作伙伴关系。

王女士于2005年4月从某家工厂辞职，开始做服装生意。由于热情待客，王女士的生意做得顺风顺水。她能记住每位顾客，虽然并不知道姓名，但是能记住顾客上次来店穿的衣服或是发型，这也正是她生意大好的制胜法宝。

顾客来一次她就有了印象，顾客再次来店里她就主动和他们聊几句，还会说出他们谈论过的事。很多顾客第二次来时很诧异王女士能记得他们。能记住顾客对他们来说是一种尊重，无形中会给自己带来不少客源。

有空的时候，王女士经常请顾客喝奶茶，吃羊肉串。做生意也是种艺术，记住每位顾客是种独特的心理战术，以心交心，捕捉每个细节，才可以吸引更多的顾客。

顾客在王女士店里买的衣服如果不喜欢，可以几天内原价退钱或换别的款。这也是很多顾客来她店里买衣服的原因。王女士认为，做生意要赚钱，但更重要的是做人。有一位顾客一次买了 2000 元的衣服后，隔了几天又买了 1200 元的衣服，后来还想买，王女士却阻止了她。遇到一些买衣服冲动型的顾客，王女士会告诉她们要冷静，并提议顾客将衣服带回家征求家人的意见后再买。

从上面的案例我们可以看出，王女士的生意做得那么好，与她把顾客当成最尊贵的朋友来对待是密不可分的。从记住每一位顾客的特征，经常和顾客喝茶聊天，到承诺衣服不喜欢可以包退包换，甚至劝说买衣服冲动的顾客等等。这些看起来是微不足道的小事，却体现了王女士把顾客当作最贴心的朋友，甚至当作家人一样来看待。

真心付出必有回报，做生意先做朋友。王女士用实际行动来践行这一商场定律。她真心实意地把顾客当朋友，朋友当然会照顾她的生意，因此生意自然做得有声有色。

我们常说，做买卖就是做生意。买卖与生意，好像是一回事。但是买卖与生意其实是两码事。买卖，是一种简单的交易行为；生意不仅包含买卖，还有各种各样的买卖手段、买卖技巧以及人情世故。简单地说，买卖只是生意的一部分。

用生活中的案例做一个简单的分析：做买卖其实就相当于开超市，货物的价格是统一规定的，你不能进行任何讨价还价，你能做的只是挑选自己喜爱的货物，然后到柜台结账离开，仅此而已。做生意就有意思多了。顾客能够和商家讨价还价，双方进行各种心理攻防战，最终达成两者都满意的价格，顾客付款拿走货物。通过这一简单的类比，大家就会明白做生意不仅是买卖那么简单，其中包含着很多的学问。只有你了解了做生意的学问，你的交易量才可能大幅提升。

在情感消费时代，情感营销需要从客户的情感需要出发，唤起和激起客户的情感需求，引起客户心灵上的共鸣，寓情感于营销之中，让有情的营销赢得无情的竞争。

接下来，为大家讲解一下与客户培养感情的六要素：

要素一：建立详细的客户档案。培养同客户的情感，建立客户档案是一个很好的方式。客户档案不仅包括客户企业的一些基本情况，还包括企业决策人、重要联络人的个人信息。另外还要多收集一些企业高层人员的兴趣爱好、重要的纪念日等。这不是简简单单的投其所好，而是知己知彼，为长久的情感培养打下坚实的基础。

要素二：培养情感讲究礼轻情意重。与客户成为朋友不在于你的礼物有多贵重，而在于你出礼的那份心。归根结底，培养感情讲究以情动人，一纸贺卡、一句祝福也会让人感动，最后成为真正的朋友。

要素三：主动承担责任。保持"客户永远是正确的"的心态，在与客户的长期交往中，难免会有一些不尽如人意的地方，出现分歧、失误也在所难免，所以，销售员一定要有正确的心态：客户永远是正确的！只要敢于主动承担责任，客户就会更加尊重你，你与客户的关系也就会得到更大的改善，更容易建立牢靠的友谊。

要素四：与客户保持密切的联系。上班时间是正常的业务往来，要与客户成为朋友更多的功夫是在业务之外。因为工作之外，人的状态是比较放松的，感性的成分也多一点，这时客户比较容易被情感打动，也比较容易付出情感，适合培养和客户的情感。如果你在生活上也能主动和客户交流，人家就会知道你是个有心的人，自然会对你青睐有加。

要素五：将心比心，理解万岁。作为销售员，首先要尊重客户，不要把自己的想法强加给客户。在向对方推销时，要认真听取对方的诉求，学会站在对方的角度考虑问题。如果客户不想购买你的商品，你要学会进退有度，要仔细分析对方拒绝你的原因，不应一味地把希望寄托在你那副伶牙俐齿上面，强人所难。

同时还要注意，在与客户合作的过程中，你要把客户的小事情作为自己的大事情来做。想客户之所想，急客户之所急。解决令客户困扰的任何问题都会使客户满意，从而欣赏你。这样，长此以往，你与客户的关系也就越来越近。

要素六：深度了解，建立长期信任。与客户建立长久的信任不是一蹴而就的，只有双方都花费了足够的精力和时间才能够做到。在建立了相互信任的关系之后，你就可以和客户尝试着建立全面的伙伴关系，这种关系可以加深与客户之间的情感，使大家能向着共同的目标努力。

最后，为大家介绍一些情感营销的技巧。

情感营销是在适应消费者的需求变化时产生的一种新型营销方式。现在的消费者在购买商品时所看重的已不仅是商品数量的多少、质量的好坏以及价钱的高低，还追求一种感情上的满足，一种心理上的认同。

在情感消费时代，情感营销要从消费者的情感需要出发，唤起和激起消费者的情感需求，引起消费者心灵上的共鸣，寓情感于营销之中，让有情的营销赢得无情的竞争。

但与客户培养历久弥新的感情却不是一件轻而易举的事情。没有情感基础的生意是不牢靠的，会让对手有机可乘。所以，我们要建立自信心，积极地培养与客户的感情。销售员与客户培养感情需要做到哪些方面呢？

（1）与客户培养感情需要时间和精力，需要你有良好的表达能力。欠缺表达能力会导致无法与客户沟通，也会给客户留下极坏的印象。根据调查资料显示，许多销售员都觉得培养与客户的感情是重中之重。因为只有你与客户建立了长久的联系，培养起良好的感情，客户才会把你当成值得信任的人，值得交流的人。

（2）与客户建立感情，需要我们培养自己的耐心。即便客户不总是对我们有耐心，我们也要有耐心。要坚信成大事者需要有坚持不懈的恒心与毅力。很多销售员的失败，并不是他们的能力不够。他们与成功失之交臂，是因为他们缺少耐心。既然选择了销售这条道路，便要坚信，只有真诚的服务，才能赢得客户的青睐和好评。

（3）与客户建立感情，必须以诚相待。与客户建立感情，应该用更加具有人情味的方式，而不是生硬的公事公办。作为销售员，你与客户首先要做朋友，其次是做生意。有首歌曲唱得很好："人生难得是朋友，朋友多了路好走。"对于任何商业往来都是如此，哪一种商业往来能离开人际关系？所以建立与客户的感情，需要从做朋友开始。只有你把客户当朋友，客户才会把你当朋友。这样大家相处融洽，最终生意会越来越好。

其实，努力建立一种长久的信任关系，培养和客户的情感是一个双向的过程。如果成功，双方都会受益。在这个过程中，不仅要用你热情、贴心的服务去影响你的客户，还要努力去了解他们，努力了解他们的需要，对他们的工作规律与内容都有详细的了解，只有这样，才能与客户培养起感情，建立长久的信任关系。

找到共性，便是知己

共同的认知是良好感情的基础。所谓知己，就是能够理解你的性格、行为的人。作为销售员，如果你能与客户达成共同认知，那么你就能获得客户对你的信任，进而成为客户的知己。相应地，你的销售业绩也会大大提升。

如何才能与客户达成共同认知，成为客户的知己呢？最好的做法就是"求同存异"。所谓求同存异，就是找出共同点，保留不同意见。从销售角度来讲，就是你要发现客户的购物理念，并对他们的理念表示认可。对于你不认同的理念，保留意见，不做任何道义上的评价或指责。通过这种求同存异的方式，客户会对你的产品感兴趣，进而实现购买行为。长此以往，客户会成为你的忠实客户，你自然而然也就成了客户的朋友。

在我们的周围生活着形形色色的人，个体存在差异，各种差异之间相互排斥又相互融合。只要能够做到求同存异，任何事情都会健康合理有序地发展。

人们讲究"物以类聚，人以群分"，说得通俗些，人们都爱和与自己有相同观念的人在一起，而不是和处处与自己为敌的人共事。

人和人之间的相处，历来都是一个找寻同类的过程。例如，人们在找小伙伴时，总会优先考虑同学、同事，或有共同经历、共同爱好、共同思想的人。寻找这些有共同点的人与自己相处、相伴，是每个人一生都在做的事情。

例如，在旧中国，在战火纷飞的年代，许多年轻人不就有共同的思想吗？坚信"砸碎旧世界，创立新世界"，这就是共同思想。当代，拥有共同思想，就是追求共同富裕，各行各业的人才贡献自己的力量，为共同富裕而努力。有共同思想的人才会产生共鸣，容易相互吸引，并发展成朋友。

接下来，再为大家介绍一个真实的关于"求同存异"的案例。

1955 年 4 月，周恩来总理在万隆会议上发表了关于"求同而存异"的著名讲话。起初会议气氛紧张，各国代表纷纷表达自己的意愿，互相指责。周总理见状，放弃事先准备好的讲稿，临场发挥："中国代表团是来求团结而不是来吵架的。我们共产党人从不讳言我们相信共产主义和认为社会主义制度是好的。但是，在这个会议上用不着来宣传个人的思想意识和各国的政治制度。"

正是这一理智而又果断的演讲，起到了振聋发聩的效果。会场的秩序和气氛立即好转，各国代表这才心平气和地进行外交谈判。

求同存异才是解决事情、提升能力的关键，在销售方面也不例外。在生意场上，在销售的过程中，如果你能够坚持求同存异的策略，必然会赢得客户的情感支持，从而增加你的产品销量，最终取得销售的成功！

那么在销售时如何才能做到求同存异，赢取客户的信任，并发展成为客户的朋友呢？大致需要三步：

第一步，察言观色是基础。只有你做事足够细致，能够在销售的过程中认真观察、分析客户的各种语言（包括口头语言和肢体语言）、动作，认真分析揣摩客户的真实想法，你才能够针对客户的观点，提出合理化的建议。

第二步，发挥主观能动性是关键。通过积极沟通、耐心引导与客户达成共识，同时你还需要明白理想与现实的区别。俗话说："理想很丰满，现实很骨感。"达成目标的过程总是曲折的，其中免不了遇上"骨感的现实"。所以你要在发挥主观能动性的同时，拥有一颗强大的心，引领你以锲而不舍的精神走向成功。

第三步，"求同'与"存异"并举。所谓"求同"，就是要寻找你与客户的共同思想、共同要求、共同利益；所谓"存异"，就是保留不同观点、不同主张、不同利益。这需要你在销售的道路上不断探索，不断实践，在成功时总结经验，在失败时吸取教训，做到不骄不躁，最终走向销售的成功。

只有你在实践过程中切实地执行这三个步骤，才能做到求同存异，与客户达成共同的认知，争取客户的信任，得到客户对你的感情加分，最终使客户成为你的朋友，成为你的忠诚客户。

注重隐私，客户更信赖

隐私是一个人的软肋，是一个人最脆弱的地方，没有人愿意把自己的隐私暴露在公众的视野里任人指点，它就像人们心中的一块疤痕，应该永远藏在最深处，揭开它的代价注定是痛苦的。

所以，保护一个人的隐私是对这个人最起码的尊重。孔子说："非礼勿视，非礼勿听，非礼勿言，非礼勿动。"他就是要告诫我们，要懂得保护别人的隐私，要谨守为人处世的礼节和规则，不要越过道德底线，只有尊重他人，才会赢得他人的尊重。

不可否认，当今社会中的确存在一些乱象，有些人丧失了道德底线，专门以窥探他人的隐私为乐；有些人则对他人的隐私大肆传播，乐此不疲；有些人更是违法乱纪，以出卖他人的隐私牟利。凡此种种，给人们的生活带来了极大的危害，影响了社会的和谐，理应受到社会各界的共同谴责和抵制。

对一名销售员来说，保护客户的隐私是最基本的行业准则和道德规范。诚然，销售员所掌握的客户信息可能只是一些客户的基本资料，诸如客户的姓名、年龄、性别、职业等，但是即便如此，如果客户没有授权你传播，那它就是客户的隐私，是神圣不可侵犯的，是绝不允许被轻易泄露的。

因此，销售员对客户的隐私要高度重视，要像对待自己的隐私一样妥善地管理与保护，只有这样才能赢得客户的信赖和赞誉。

李青云是一名汽车销售员，他做事非常讲原则。有关客户的隐私信息，他绝对不会转手给他人，即使别人高价购买，他也依然不为所动。

大家都知道，汽车行业是一个比较赚钱的行业，一般来买汽车，特别是高档汽车的客户，生活水平都比较高，家境也较为富裕。所以一些其他行业的销售员常来找李青云，例如早教机构的课程销售员、家具店的销售员等，让李青云把自己手头的客户资源信息高价卖给他们。

李青云当然知道他们的目的，但他还是婉言谢绝了。

李青云说："客户的信息在我的手里，我能保证不被他人利用。我虽然相信你们，但也许你们中的某一个禁不住一些不法分子的高价诱惑，把客户的信息出卖给他们。倘若这些人真是歹徒，那么我的顾客也许就会有危险。对于这样的事情，我是绝对不会让它发生的。"

正因为李青云果断、坚毅、正直，他手里的客户隐私信息的安全性特别高，而且他始终都十分注重维护客户的私人信息，保证客户信息的安全，所以他在客户那里的评价都特别高，他的销售业绩也越做越好。

然而现在有些销售员，不注重保护客户的隐私，随意将客户的相关信息卖给其他销售员。这样，大量的促销电话、垃圾短信和垃圾邮件使客户的私人生活受到严重侵犯。

在现代社会，尤其是在大数据时代下，隐私保护的重要性也逐渐凸显出来。

随着互联网技术的升级，人们几乎是时刻都在上网。随着智能手机的出现、普及与日新月异的发展，人们几乎都到了"手机不离手"的地步。与此相对应，人们在网上留下的痕迹也越来越多。这些隐私数据看似无关紧要，实际上却包含了人们的各种信息。

例如，你在网购时，就会在网页上留下你的相关信息。在如今的大数据时代，这些信息足以影响到我们的正常生活，严重时，这些信息被不法分子利用，甚至会影响我们的个人安全。

大数据时代是好的时代，但也有很多缺陷。大数据时代，企业可以不断采集网上相关数据，将看起来孤立、零碎的信息整合起来，每个人就都变成了透明人。

作为一名销售员，如果你能合理地利用这些数据，就可以对客户进行"画像"，判断他们的喜好，找到他们愿意消费的领域，预估客户的需求，从而提供针对每个客户的个性化服务。但如果大数据被恶意破坏了，数据被人为操纵或掺入虚假信息，那么根据数据做出的判断就会误导不知情的销售员，使他们的销售陷入困局。

所以，在大数据时代，销售员要有意识地保护客户的信息，这样既是对客户权益的维护，也是间接地为自己服务。只要全行业的销售员都能够以身作则，维护客户的相关利益，保护客户的相关信息，那么就会获得客户的信赖，同时也可以确保网上信息的安全性。如果对这些真实的数据加以分析利用，可以做出更好的销售策略调整，可谓一举两得。

在大数据时代，销售员又该如何保护客户的隐私呢？

第一，你需要在心里明确，这些数据是客户的资产，客户对其拥有财产所有权，对于这些数据你必须采取尊重的态度，而不能胡乱利用，甚至在网上进行非法的数据交易行为。

第二，你需要把收集到的客户数据进行安全存储和传输，这是你应尽的责任和义务。只有你保护好客户的个人数据，客户才不会被各种信息骚扰，才会觉得在你那里购物更加安全，从而增加对你的信任感。

第三，如果使用客户的网上数据信息，一定要让客户有知情权和选择权。如果你不经客户允许，擅自泄露用户数据，甚至以此牟利，不仅是不道德的，更是非法的。这些错误的行为最终会影响到你的销售。

综上，作为销售员，无论是实体销售，还是网上销售，都一定要注重对客户隐私的保护。保护了客户的隐私也就是保护了你自己的声誉，同时也促成了客户对你的信赖，会使你的销售业绩得到稳步提升。

第五章

面对拒绝，巧妙化解危机

被拒绝是成功的开始

想必每一个人都品尝过被拒绝的滋味，无论你在生活还是在工作中，一定会不可避免地遭遇拒绝。没有人喜欢被拒绝时的感受，被拒绝会让人失望、失落、彷徨、落寞，让人压抑沮丧、茫然惆怅，甚至许多人会感觉到好像忽然一切都失去了意义。被拒绝是痛苦的，大多数人都会采用自己的方式来尽量回避。但还有这样一个群体，被别人拒绝不但不去回避，反而是越被拒绝就越斗志昂扬地向前冲去，并以此作为他们成功的开始，他们就是销售员。

在销售过程中，销售员常常会遭到客户的拒绝，大多数时候，在洽谈开始前，销售员就被当头泼了一盆冷水。当遭到客户拒绝后，销售员的反应各有不同：有的人非常生气（如摔门而出），有的人表现出沮丧的情绪，另一些人则会尽量设法忘记这个不愉快的经历，但也有很多销售员似乎不受此影响。

事实上，每一个销售员和被拒绝都有不解之缘。销售员在销售工作中会遇到无数次的拒绝，甚至有时由于客户的拒绝还吵过架。但是，销售员应以平常心面对被拒绝，我们心中要真正地明白，被拒绝是销售中最常见的事情。

可以说，在整个销售过程中，时常会伴有反对的声音，全球知名的保险推销专家雷德曼说："推销，从被拒绝时开始。"优秀的销售员在面对无数次的客户拒绝时，从来不会逃避和抱怨，他更多的是对客户的拒绝表示理解，能够正确看待客户的拒绝，从而找到与客户达成交易的突破点。

从销售职业的属性来讲，销售工作的性质就已经决定了这是一份永远会被客户打击和拒绝的工作，并且还是一个失败次数要远高于成功次数的行业。

成功的销售员都是从被顾客无数次拒绝后开始逐渐走向高峰的，这是所有成功销售员都曾体验过的一种感受和经历。勇敢地面对被拒绝，不断地从被拒绝中总结经验、吸取教训，这是销售员必须学会的第一课。然而，现实生活中还是有许多销售员抱怨客户轻易就拒绝了自己推销的商品，甚至将客户的频繁拒绝视为打击，进而愤恨不满，尤其是刚刚从事销售行业的新销售员。客户接连地拒绝对销售员的自信心是一个非常沉重的打击，还有可能使其产生一种恐惧的自卑心理，给其造成沉重的心理负担，严重的很可能从此以后会丧失面对客户的信心和勇气，甚至因此退出销售行业。

其实作为销售员，你不必有太多的顾虑，因为拒绝只是客户的习惯性反应，拒绝你推销的产品也是一种再正常不过的现象，很多久经沙场的销售员早已把被拒绝当成了家常便饭。如果客户在拒绝的时候能够对你的产品再提出些意见，那么恭喜你，你真的要好好地感谢这位客户了。设想一下，如果你约见的客户东张西望、心不在焉，对你的介绍不闻不问，丝毫不感兴趣，或者只是"嗯、啊、呵呵"地对你笑笑没有交流，或是低头看手机并表现出不耐烦的样子，此时只怕你会更加尴尬。所以，不论客户是以何种理由来拒绝，这些理由都可以作为重要的参考信息来供你借鉴，同时也为你销售的成功创造了机会。也只有在被拒绝的时候，你才能够更多地了解到客户的真正想法。要知道，拒绝有时也会暗藏成交的契机。

销售员只有清楚地了解客户拒绝的真正原因，才能在遭到拒绝时仍旧保持信心，并且从被拒绝中找到销售的希望。

王先生是一家白酒生产企业的推销员。一天，他很早就来到了一家小商店，希望可以与这家店的老板洽谈能否合作。王先生进店之后，与老板寒暄了几句，接着便说明了来意："老板，我这次特地来拜访您，是想向您推荐一下我公司最新出品的白酒，供货价199元，如果您零售的话，可以标价268～298元，并且公司还有大力度的促销支持你们的销售，购买一箱白酒就赠送价值100元的可乐，您看，要不来几箱卖卖看？"

　　老板听完眼皮都不抬一下，轻描淡写地嘟囔了一句："哎哟，我这儿一天来的推销员比顾客还多呀！我可没空挨个儿接待你们啊，并且我这店里都没有地方摆啦。以后有地方再说吧！"说完，用手指了指满是白酒的货架，让王先生自己去看。

　　王先生看了一眼，的确是这样，到处都是酒。无奈之下，王先生向老板告辞，离开了这家烟酒店。

　　回到公司，王先生向领导汇报了拜访烟酒店老板的情况，领导帮他分析了被客户拒绝的原因。

　　得到领导的指点后，王先生第二天又去拜访老板。老板还是以没地方放为借口打发王先生，并且强调说现在天气炎热，正处于淡季，白酒价格高销量小，占用资金很多。王先生这才明白了老板拒绝背后的真正原因：压款严重影响资金流动！假如卖不掉的话，风险太大！

　　既然找到了病因，接下来就能对症下药了。为了解决老板担心的问题，王先生就说道："老板啊，我们的酒虽然占用您的小部分资金，但是您放心，只要您现在进货，我可以保证，如果您一个月没销量，保证原价退款，这下您能放心了吧？而且促销力度这么大，买一箱送一箱，这可都是您的利润呀！"烟酒店老板想了想，答应先进三箱酒试试。

　　对于有些客户来说，拒绝只是由于惯性的反射动作，听了推销员的介绍马上就买的情况极少，只有在遭到拒绝后，销售员才可以了解客户真正的想法，从而找到解决被拒绝的最好办法。客户拒绝是销售中最平常的事情，因为成功的销售就是从被客户拒绝开始的。客户拒绝销售员推销通常针对三个方面，即拒绝销售员本身、拒绝产品、拒绝你的公司。

那么，当你向客户推销却遭遇客户拒绝时，应该如何处理呢？这里需要着重理解顶尖销售员必须具备的两个特质：同理心和自我驱动力。

（1）具备同理心，顺应客户的拒绝

同理心，即感同身受的能力。在销售过程中，你需要观察和找出客户的真正需求，有针对性地调整销售策略。这要求你在觉察到客户拒绝意识的第一时间迅速做出反应，不要急于反对他的拒绝，而是要顺应他的观点，然后一步步将其引导到自己所建构的逻辑中。在这个过程中，你要在顺应对方拒绝的同时，巧妙地告诉他你的产品或服务的优势，从而渐渐消除他的疑虑和拒绝。

比如在保险推销行业，一名优秀的推销员，必须先顺着客户的意思，耐心倾听对方说话。要注意，不要为了说服对方购买保险而说太多的话。说得太多，听得太少，就很难达到好的效果。只有体会到客户的感受，你才能够改变销售节奏，做到进退自如，并做出合适的调整，从而锁定目标完成销售。

（2）具备自我驱动力，越是被拒绝就越要勇往直前

自我驱动力，即自主做事的动力。自我驱动力强的销售员在

遇到困难时会愈挫愈勇，他们只把失败看成是自身的激励因素，进而更加努力地去开发客户，将成交视为自身的价值体现，从征服客户的过程中获得成就感。

一个年近古稀的美国老人，对自己的一份无形的资产——炸鸡秘方抱有极大的信心。于是他便开始到处接洽寻求合作。但他得到的是一次又一次的拒绝，然而这位老人并没有放弃，没有就此止步，在第 1009 次被拒绝之后，终于在第 1010 次，找到了愿意与他合作一起推广的伙伴，这才有了如今遍布世界各地的一流快餐品牌——肯德基。

曾经的"中国保险营销第一人"蹇宏曾经就有过被拒绝上千次的经历。在他上班的第一天，仅仅一个上午他就走访了 86 个客户，但没有一位听他介绍产品。在这之后，他又接连拜访了1000 多个客户，仍然没有签成一单。正当他灰心不已，准备放弃的时候，他的经理告诉他，拐点就在前面，客户就在前面。于是他又接着干了下去，最终转机出现。

1000 次被拒绝，你能承受吗？实际上，业绩显赫的推销员，无一不是善于从被拒绝中学习推销的高手。请记住销售行业的这句名言："商品销售的成功，是从被拒绝开始的！"

调整心态，笑对难关

一位哲人说："你的心态就是你真正的主人。"销售员最难过的一关是心态的调整，销售不成功不是因为能力或方法欠缺，而是不能以积极阳光的心态感染客户。

小张认为做销售挣钱多，就改行做了化妆品的直销员。她信心满满，准备大干一场，然后用挣的钱为自己买漂亮的衣服、去国外旅游等。但开始工作的第一天她就尝尽了苦头，因为人们都很反感化妆品推销员，即使她总是笑脸相迎，人们也会冷冷地躲开，并投以不屑的眼神。

坚持了一个月，没有成交一个客户，小张有些撑不住了，她开始怀疑自己不适合做销售，于是找经理辞职。经理耐心地开导她："这是销售的常态，顾客对所有推销化妆品的人都这样，并不是只针对你一个人。你要相信自己，要学会让自己的心变得更加强大，学会应对和适应客户的态度！"

在经理的劝导下，小张决定再试一个月。她开始思考自己业绩不佳的原因，并研究大量成功销售人士的案例，发现他们刚开始拓展业务时也遭到了大多数人的质疑和拒绝。小张慢慢调整自己的心态，以微笑和豁达去面对客户。经过一个月的努力，她取得了可喜的成绩。

可见，作为销售员就要学会调整心态，练就强大的内心，那样才能应对各种难题。具体应该怎样做呢?

(1) 训练自己的应变能力

所谓应变能力，是指在当前的环境和条件还有目标发生变化时，能够采取最适宜的措施迅速加以应对的能力。应变能力需要专业的知识、过人的智慧、聪敏的头脑和丰富的经验。销售员每天要接触很多客户，而客户的性格、爱好、品行等方面千差万别，在销售过程中就会出现各种情况和问题，这就需要销售员具有很强的应变能力，灵活应对各种突发情况，恰当处理变化，从而促使销售顺利进行。

一位理发师收了一个学徒。几个月后，学徒感觉学得差不多了，便请求师父让他给客人理发，理发师很爽快地答应了。

他给第一个顾客理完发，顾客照了照镜子皱着眉说:"头发还是太长了! 不是让你剪短一些吗?"学徒不知如何回答，很窘迫地站在那儿。师父在一旁笑着说:"您的脸型适合头发长一些，这样让您显得含蓄，符合您的气质。"顾客很满意，付了钱愉快地走了。

他给第二个顾客理完发，顾客同样照了照镜子，生气地说："哎呀，你给我留得太短了！"徒弟吓坏了，明明按照客户的要求来理的呀，怎么又不满意了？这时师父笑着解释："现在天气热了，短一些凉快，而且显得您人很精神利索！"客户感觉也是，就不再生气了。

他给第三个顾客理完发，第三个顾客嘟囔："怎么用这么长时间？我这还有重要的事要办呢，这都耽误了！"徒弟又感觉很对不起这位顾客，正不知所措时，师父在旁边笑着说："我们一开始听说您今天要见重要的人物，才让我们的高级理发师给您理的发。再说，对您这样的贵客，多花点时间很有必要！"客户感受到了尊重，满意地走了。

徒弟明白了，技术不仅是手上功夫，巧妙应对客户的各种习难也是一种本事，更需要用心学习，于是他更加虚心地跟师父学习。

销售员平时要有意识地训练自己随机应变的能力，遇事多思考，多想办法。遇到新情况、新问题，认真进行分析，并多总结经验教训，逐步提高自己处变不惊的应变能力。关键时刻岔开话题，幽默一下，不仅客户不会怪罪，反而还缓和了紧张局面，使客户愿意和你做生意。

（2）坚持就是胜利

"坚持就是胜利"，成功的销售员是不会怀疑这句话的。销售员与客户的谈判是一个艰苦又缓慢的过程，如果中途放弃，将前功尽弃，前面的工作也就没有半点意义了。

美国销售员协会曾经做过一次调查研究，48% 的销售员在第一次拜访受挫之后，就失去了继续推销的勇气；25% 的销售员拜访两次失败之后，也放弃了；12% 的销售员拜访了三次之后，也退却了；5% 的销售员在拜访过四次之后受不了了；仅有 10% 的销售员锲而不舍，一而再、再而三地继续登门拜访，于是他们的业绩占了全部销售总额约 80%。在销售的道路上，如果你没有耐心一直去追逐成功，那么，你只好用一生的耐心去面对失败。坚持到底的精神是多么重要由此可见一斑。

在现实生活中，我们每个人都需要通过自我激励来强化自己，从而完成人生路上的一个又一个任务，解决一个又一个难题。作为一名销售员，更是要在做事之前进行自我激励，为自己鼓足干劲儿，从而精神饱满、全力以赴地迎接挑战，攻克难关。

（3）行动之前，自我激励

军队在作战前，会以誓师大会来鼓舞士气；运动员在比赛前，需要自我激励来保证在赛场上发挥出最大潜能；销售员也需要在行动之前激励自己，从而使自己充满激情、心无旁骛、全力以赴地投入工作中，迎接挑战，攻克难关。

自我激励的方法有很多，比如，对自己强调一些有激励作用的短句："乐观进取，勇敢担当！""全力以赴，攻克难关！""全心投入，实现理想！""挑战自我，勇往直前！"也可以不断地对自己强调业绩目标："为 100 万冲刺！""再接再厉，确保利润提升 15%！""明天一定要约谈成功，签下百万元利润的合同！"

此外，想象成功后的美好愿景，然后再用激励式的短句鼓舞自己，也是一种不错的激励方法，它可以激发出你的工作热情，使你全心全力地努力。

自我激励最大的好处，是让自己认清目标方向，能够全身心地投入到工作中，不被闲杂小事分心。

（4）即使再忙，也要睡个好觉

销售员每天都会很忙，然而即使工作再忙，工作时间再长，也不要占用睡眠时间。销售员每天应尽量睡够 8 小时，这样可以保证精力充沛，头脑清晰灵活，工作也会更有效率。

双眼明亮、肤色健康、充满活力、面带微笑、身姿矫健的形象，会给客户留下良好印象，有利于促进商业谈判的成功。如果你每天忙于工作，废寝忘食，疲惫不堪，无精打采，就会给人一种颓废的感觉，使客户对你及你的产品失去信任，业务自然也就无法展开了。

有时为了赶进度，销售员约见客户过多时，往往无法睡个好觉。面对这种情况，销售员要尽量减少其他应酬，最大限度地增加自己的睡眠时间。一旦这种紧张状态得到缓解，便要适当补觉，增加睡眠时间，使自己的精力重新充沛起来。

　　一般情况下，销售员每天睡眠不宜过晚，应尽量做到晚上 10 点前睡觉。这样，白天二班时，才能精神饱满、活力四射、面带微笑、积极主动地投入工作中。

面对销售危机，不妨来点幽默

在与客户的沟通中，幽默就像润滑油，可以有效地降低销售员与客户之间的"摩擦系数"，化解客户的抗拒心理，并能摆脱沟通中可能遇到的困境。

美国著名的保险公司营销顾问弗兰克·贝特洛这样赞美幽默："幽默是一种智慧，它能在尴尬的场合宽慰人心，缓和气氛。"与人初次见面，如果在见面后立刻无所顾忌地说笑，确实有些唐突，但如果在面谈不顺、言穷词拙、无法很好沟通的情况下，那么适当的幽默就成了极为有效的润滑剂，既可以缓和甚至扭转尴尬的局面，又可以让客户对你的印象立刻改观，从而使面谈可以再度顺利继续下去。

会沟通的人一般都具备幽默感，它往往是给形象加分的关键点。当你与客户沟通时能够恰到好处地使用幽默作为调节，就可以让你和客户的关系更加融洽，甚至可以"化险为夷"。为什么幽默有如此大的力量？因为使用幽默的方式沟通时，往往会令人处于一种放松的状态中。因此，人们喜欢与能让自己快乐的人交朋友或者建立某种联系，并将此人用一种愉悦的方式留在自己的记忆中，为他们打上各种积极的标签。使用幽默的话语与人交流不失为提升自身形象的一个好方法。请看下面这个销售案例：

　　刘先生是一个推销放大镜的业务员。有一天，他向一个老大爷推销放大镜，眼看就要成交了，但老大爷忽然看到刘先生手臂上有一块刺青，老大爷立马改口说不要了。刘先生意识到老大爷可能是看到自己的刺青才说不要购买，他灵机一动说："便宜的未必没有好货，就像我胳膊上的刺青一样，有刺青的也不一定就是流氓，也有可能是岳飞啊。"老大爷见眼前这个推销员如此幽默，不由得哈哈大笑起来，连忙竖起大拇指，连说："小伙子不错，放大镜我买了！"

　　在人际沟通中，幽默是一把双刃剑，使用得当可以让关系变得更融洽，用不好很可能会适得其反。因此，我们在使用幽默时应注意以下几点：

（1）掌握时机

　　掌握好时机，在恰当的时候运用幽默才会让你赢得别人的好感，但是不要不合时宜地讲笑话。

（2）讲究分寸

　　要根据不同人的性别、身份、地位、阅历、文化素养和性格选择幽默的语言。内容健康、格调高雅的幽默才能给人以启迪和精神享受。内容幽默却低俗或不雅，也可能博人一笑，但过后就会使听者觉得低级无聊，也会使自身形象的分数大减。

（3）尽量使用"原创"的笑话，避免讲一些转述的笑话

现代社会的信息来源多样化，如果从网上或书刊上摘录老套的笑话或某些人尽皆知的幽默说辞，且别人事先听过，那么只会适得其反。所以笑话最好是"原创"的，且尽量以个人的经历和体验作为素材。

（4）事先演练一下

幽默前做"演练"是一种安全的方式。试想一下，当你说出一个笑话，别人却毫无反应时，就达不到沟通效果了。在正式讲笑话时一定要先确认这个笑话是否真的让人觉得有趣，是不是能够达到预期的效果。

（5）使用多种表达方式

①采用夸张或搞怪的表情。表示吃惊时，让吃惊的表情最大限度地表现出来，往往就会达到引人发笑的效果。或者是弄出皱眉、挤眼等搞怪的表情，也可以制造笑点。但是制造笑点要注意场合。

②采用夸张、戏剧性的动作。正常的行为动作不会引人发笑，一旦突破常规，将动作幅度夸大，像戏剧表演一样，显示出特别做作、假装的样子，往往具有制造笑点的作用。

③突破常规的语音变化。比如老北京话"好嘞""得嘞"，说

这俩字时不按正常的语音、语速，一种是一字一顿，并且加重语气（尤其是后一字的语气）；另一种是不加重语气，而是将后一字的音调转为一声发出。只两个字的音调、语速、语气变化，便可以制造笑点，提升幽默感。

④简洁生动的词语。北京话"颠儿了"，意思是一颠一颠地跑了，虽然表达的是"跑了"的意思，但更形象生动，所以能制造笑点。北京话"拌蒜"，是说走路时两腿不灵活，无法走成正常的直线。用筷子拌蒜末，筷子在盆子里左一下右一下、前一下后一下地搅拌，有时还要转上几圈。用拌蒜时筷子的动态来比喻人走路时摇晃不稳的样子，非常形象生动，所以可以制造笑点。

⑤采用婉转含蓄的表达方式说话。苏东坡一次与朋友聚餐，朋友连吃了三只红烧麻雀，把最后一只让给苏东坡吃，苏东坡说："还是你吃了吧，免得它们散了伙。"苏东坡含蓄婉转的拒绝，增添了引人发笑的幽默。

⑥以借代的方式讲话。乾隆与纪晓岚一起下江南，因乾隆比较反感纪晓岚总是讽刺自己，到了汨罗江时便说："朕命令你去找屈原，不用回来了。"纪晓岚走入江水中，然后又回来了，说："屈原说，我遇昏君，所以投江而亡，你逢明主，为什么要投江呢？于是臣就回来了。"乾隆不直说赐死，而说去找屈原；纪晓岚不直接辩解，而是假借屈原之口，这一君一臣都很有幽默感。

⑦采用先悬念后反转的表达方式。比如，唐伯虎给《祝寿

图》题词的故事，开头是"这个婆婆不是人"，众人大惊，唐伯虎却悠悠地接着写出"九天仙女下凡尘"，众人才恍然之际，唐伯虎又写道"九个儿子都是贼"，众人又惊，唐伯虎于是又写出"偷来仙桃献母亲"。设悬解悬，有起有伏，因而增添了很好的幽默效果。

⑧用反语表达。一个老人说："我可不行，我哪儿行啊？"可表情是自信十足的调侃模样，表达的意思则是："你们说我行，那我不行谁行啊！"幽默感也就十足地表达出来了。

总之，幽默的魅力很强大，销售员要想拥有幽默感，就要多琢磨、多练习幽默的技巧，一点一滴地积累。

挑剔？嫌弃？恰恰说明客户感兴趣

一个人对一件事情有没有兴趣，只要看他对这件事有无评论即可。真正对其感兴趣或者有好感、寄予希望的人，可能会说好话，也可能会说一些抱怨的话，而丝毫不感兴趣的人一般会毫无反馈。

俗话说："嫌货才是买货人。"在销售活动中，嫌弃产品不好的客户恰恰是对产品有购买意向的人。这类客户之所以嫌弃产品不好，就是因为对产品感兴趣，思考产品的有关情况，从而产生了对产品的异议。所以，如果客户对产品有异议，那就说明他已经有购买欲望了。

打个比方，汽车推销员向一位普通工人推销豪华汽车，不管汽车性能怎样优越，推销员说得如何好，他都不会有任何异议，因为他根本不可能购买这辆车，也不会用心在车上找毛病。如果向他推销皮鞋，他可能会说："这个皮鞋是真皮吗？怎么感觉款式挺老呢……"实际上，这位普通工人的话表明他已经有些心动了，就算现在不出手，以后也很有可能购买。

因此，当销售员遇到对产品挑三拣四的客户时，绝不可以轻易地否定对方，而应该了解对方的心理，欢迎他发表对产品的意见，然后信心十足地处理异议，这时成交往往是顺理成章的事情。

王皙海在一家车行做销售员。有一天，一位穿着考究的女性客户来到车行看车，她在一辆粉色轿车前看了一会儿，就问这辆车多少钱。王皙海如实讲出了价格。客户嘟囔道："我看这辆车也不怎么样啊，怎么这么贵？"

"这辆车虽说比不上豪华轿车，但它在中端轿车中的性能绝对是名列前茅的。而且车内配置氛围灯和香氛调节功能，可以烘托浪漫气氛，为生活带来一丝惊喜。如果您感兴趣的话，可以试驾。"王皙海带着一脸和气的笑容，平静地说着，指导着客户签订了试驾协议，然后带着客户来到试驾地点试驾同款车辆。

客户试驾之后，摸着方向盘不撒手，说道："开起来还行，不过我总感觉这辆车的座椅很别扭，开这么一会儿我就感觉很累了。"

王皙海仍然保持笑容，说："女士，可能是您在调座椅的时候没有调整好，这跟质量没什么关系。这款车有记忆座椅功能，调节好座椅以后，以后就用不着费力调座椅了。"

客户嘟着嘴，想了几秒钟，又说道："这辆车的空间怎么感觉很窄呢？"

王暂海笑着说："您可以试一下腿部能否活动自如，腰部能否受到座椅的托举，还有头部以上的空间是否感觉压抑。如果感觉都还好的话，空间其实是够用的，而且您的身材不错，占地方不大，这款车的空间对您来说很合适。这款车的后备厢空间很大，平时您去商场购物，买的东西再多也能放得下。"

"我还是觉得有些贵，你给便宜一些吧！"客户说。

王暂海的脸上一直保持着温和的笑容："很抱歉，这个价格真的已经很低了。这款车在技术研发上投入了很大成本，与成本相比，这样的价格真的算低的了。"不管客户是什么态度，王暂海一直微笑着解答问题。虽然客户对这辆车不停地抱怨，总是催促他降价，但最后仍然购买了这辆车。

客户对产品产生异议，一方面是对产品感兴趣，另一方面则是想要获得最大的优惠。客户反反复复指责产品的不是，就是想要用这种指责迫使销售员主动降低价格。在面对客户对产品的指责或异议时，销售员要时刻保持微笑，还要对自己的产品有充分的信心，不能一面对指责就败下阵来，该坚持的原则决不能放弃。

一个人的销售能力就是在不断地解决顾客提出异议的过程中不断增长的。如果客户对产品没有任何异议，这样的客户一般就是走马观花的看客，因为在他们眼里，产品的好与坏和他们根本没有任何关系。既然如此，他们自然不必劳心费神地和销售员砍价。在销售过程中，随时都有可能面临客户对产品的指摘，销售员要时刻做好心理准备，不能轻视客户的异议，更不能对客户心存芥蒂。"嫌货才是买货人"，如果一个客户对销售员的任何建议都无动于衷，对产品没有任何异议，就可以考虑放弃对其说服了。对产品有意见的客户才是值得销售员花费时间和精力去说服的，才是最有可能购买产品的消费者。

客户的拒绝其实话里有话

很多时候人们并不了解自己的真实想法，有时随口一说，或是为了敷衍，或是因为压力。销售员遇到客户的拒绝或不耐烦，一定要摆正心态，不要因为客户的几句"非议"就乱了阵脚，而应该听懂客户的弦外之音，抓住客户真实的需求，避免错失良机。

还没听完产品介绍就连连摆手，说"不需要""没兴趣"，客户的这种话只是随口说说而已，如果销售员对客户的话信以为真，备受打击转身离开，其实就等于把机会拱手让人。

被客户拒绝并不可白，大多数销售员随时遭受着被客户拒绝的折磨。但是，拒绝实际上也是一种沟通方式，客户如果既不赞成也不反对，一直保持沉默，沟通反而无法正常进行。

其实，通过进一步的努力和开发，客户的需求和兴趣是可以产生的。所以，销售员在听到客户说"不需要""没兴趣"时，一定不要放弃，要冷静地采取适当的策略来引导出客户的需求。

销售员在引导客户需求时可以这样讲：

"经理，您目前并不感兴趣没关系，但最好还是尝试一下这项业务，一定会对您的公司有很大的好处的！我想您还是有必要了解一下情况，而且有什么需要帮忙的可以随时联系我。"

"经理，暂时不需要不代表永远不需要，您提前了解一下市场行情和产品情况，这对您将来购买相关的产品不是很有助益吗？其实我跟您做一个产品介绍也用不了多长时间，而且您听一听也绝对没坏处，您说呢？"

"您对我们的产品不感兴趣，是因为您现在已经购买了相关产品，还是因为其他原因？如果您没有购买相关产品，为什么不能先了解一下呢？"

那些说自己不需要的客户往往是购买意愿非常强烈的客户，只是他们不明白产品能够带给他们多大的好处，没有强烈意识到自己对产品的需求。所以，关键就在于让客户认识到自己的需求。

保险销售员李涛来到客户刘总家里，向刘总介绍了保险计划书中的内容以及各项细节，然而他在说完之后得到了刘总这样的回答："真的很抱歉，我对保险实在没有兴趣。"

李涛听到过很多类似的话，他处变不惊，沉稳地说道："没兴趣？这很正常，如果一个人对保险非常感兴趣，那才是有问题呢。那样我们保险公司就会很害怕。而您对保险没兴趣，这说明您不会在保险上面产生道德风险，我们公司最佳的承保对象就是您这样的人。您肯定觉得我这是在开玩笑，其实我说的是实情。我的一个同事对我说，他之前办过一个保险，客户说是为在南方的父亲投保，因此拿了保书自己填，保险生效后没过多久客户的父亲就去世了。后来我们公司经过调查发现，客户的父亲居然在投保时已经瘫痪在医院里了。这份保险当然无效，而我那同事也被公司惩罚，因为他没亲自去看一下被保险人。这种类似的案例简直数不胜数。人们在乎钱时认为保险就是在浪费钱，但一旦出现生病或者其他意外事故，恨不得多买些保险来弥补，但为时已晚。"

客户连连反驳道："我肯定不会啦！我的身体状况很好，而且时常健身，不会出现那种情况的。"

李涛说："先生，就是因为您现在身体好，所以必须提前准备，防患于未然，而且您在健康时投保花的费用更少。比方说，您一定替您的员工投劳保吧，为什么？就是担心他们一旦发生事故，他们和您的损失都太大了。您也不能光为员工着想，在公司里，您的健康与安危对公司的发展有着直接的影响甚至是决定性作用。所以，投保不能根据有没有兴趣来决定，它就像船上的救生圈，车子的刹车、备胎，家中的灭火器，那是绝对的必需品啊！"

客户沉思了一会儿，最终愉快地购买了一份保险。

销售员要与客户深入沟通，确认客户不感兴趣的原因，然后在尊重客户态度的基础上理解对方的感受。比如，销售员可以这样说："难怪您会这样想，可能是我没有说明白，实际情况是这样的……"

当解答了客户心中的疑问以后，如果客户已经出现购买意愿，销售员要在恰当时机多尝试促成交易的行为。

一般情况下，客户决定购买的信号可以通过行动、言语或身体语言反映出来。在与客户沟通的过程中，销售员要留意捕捉这些信息，及时领会客户的真实意图。

销售员希望客户购买产品，而客户不可能一开始就十分爽快地做出购买的决定，有时是因为客户并未对产品有足够的了解，以防万一，只好以一句"没有兴趣"作为借口拒绝。销售员要做的就是努力找到客户的需求，用合适的话语解答客户心中的疑问，解除其心中的疑惑，促成购买行为。

走马观花、随意的脚步隐藏的不是闲适的心境，而是紧张的情绪。在日常销售中，我们时常会听到客户说"我先随便看看"，请不要以为客户没有消费欲望而对其不理不睬，这样只会失去客户。

一般情况下，客户在进入不熟悉的销售场景时都会产生不适应的感受，比如在商场里，客户不喜欢导购员跟着，有人随时在身后跟随就有一种被跟踪的感觉，心里会不舒服，产生巨大的心理压力，从而迫使他不得不离开，以便逃离这种压抑的感觉。

在面对这类客户时，要注意避免以下几种应对方式：

（1）好的，那您自己先看看吧！

这种回答很容易流失客户，客户在你不知不觉中就会离开销售场合。

（2）还是我给您介绍一下吧！

这种说法对客户来说总有一种被死缠烂打的感觉。

（3）没关系，反正我现在也没有客户！

这句话太随便了，让客户感觉销售员无事可做，非要跟着，这种殷勤会让其产生反感。

（4）不再说话，不搭理客户，做自己喜欢做的事情。

这更像是销售员"以其人之道还治其人之身"，但客户没有得到任何回应，购买需求和购买欲望会很快消退，从而悄悄离开。

面对这类要"随便看看"的客户，销售员最好先回避一下，与客户保持 2.5 ～ 3 米的距离，以一个较好的角度来观察客户的举动，随时发现客户的购买信号并及时跟进。而且销售员在与客户沟通时要识对话，尽量避免用提问的语句接近客户。比如：

"请问有什么需要帮助的吗？"

"您喜欢哪一个？喜欢的话可以试一下。"

"请问您喜欢什么风格的？"

这样的提问会给客户带来很大的压力，从而使其以"我先随便看看"来作为逃避的手段。销售员可以巧妙借助客户的话题，使其转变成接近客户的理由，向客户提出一些他们比较关心而又易于回答的话题，从而有利于销售。比如："是的，先生，在决定购买之前当然要多看看。不过我们这款产品受到很多客户的喜爱，您可以先了解一下。来，这边请……"或者："没关系，先生，您现在买不买没关系，您可以先了解一下我们的产品，来，我先帮您介绍下……请问，您比较喜欢什么款式的产品？"

如上面两个例句所反映的，在客户说出"我先随便看看"后，销售员应以轻松的语气来缓解客户的心理压力，同时简单介绍产品的特点，然后以提问的方式引导客户回答问题，深入展开发问，使销售过程得以顺利前行。

"我先随便看看"，这可能是客户掩饰紧张情绪的方式，也可能是其不信任销售员或者产品的表现。销售员所要做的就是用轻松的语言缓解客户的心理压力，然后把客户的关注点引到产品上，从而在与客户的沟通过程中让销售工作顺利进展。

客户对产品再满意可能也说不出那一句"我买了"，心中隐忍的购买冲动就随着一句"过段时间再买吧"慢慢消退。这是一个奇怪的矛盾体：一方面有需求，另一方面又暂时不需要。

在遇到客户说出这句话时，很多销售员一般会这样回答：

"要打折可说不准是什么时候。"

"我们现在就可以给您优惠。"

"这一款产品这么好，您又这么喜欢，为什么还要再等呢？"

"等到打折的时候，您想要的这款产品可能就没有了。"

第一句话等于告诉客户可能会打折，只是时间未定，既然价格还会下降，客户自然不想在当天购买了；第二句话很容易引发双方之间的价格拉锯，客户很有可能会问打几折，销售员一着急就随口说一个折扣，这无疑是在给自己找麻烦；第三句话和第四句话虽然给客户一种等待的不利之处，但并未积极引导客户走向购买环节，无法促使客户迅速做出购买决定。

销售员在遇到这种情况以后要尽快明确客户的真实意图，从而把产品销售出去。

一般来说，客户说出"过段时间再买"这句话主要有以下几个方面的原因，销售员要根据不同的原因采取不同的对策：

（1）还有问题没解决

这时就要询问客户还在担心什么问题，客户只要说出问题，销售员便能找到方法去解决问题。

（2）觉得产品不够好

遇到这种情况时，就要强调产品的特点和优势，哪怕之前早已说过也可以重复说一遍，甚至补充产品存在的价值。这样做可以持续增加客户对产品的重视程度，客户只有足够重视了才能下定决心购买。

（3）认为现在不是购买的时候

找出客户的顾虑，帮助他分析形势，让他珍惜当下，明白现在购买就是最好的时机。客户想要过一段时间再买，说明他对产品并没有十分迫切的需求。销售员要了解客户心理，判断客户在购买和拒绝之间的犹豫，然后在"购买"这一个方面增加砝码，客户就会偏向于购买。因此，做销售就是要使客户认识到购买产品的必要性和迫切性。

前段时间，张国浩的客户要购买两台设备，可是后来又不打算买了。张国浩找到客户，询问其理由。

客户："算了吧，没有什么理由，我说了，这段时间不需要，等过一段时间再买吧。"

张国浩："李总，这两台设备降价很厉害，已经降价10多万了，价格在以后只会涨，不会落了。"

客户："关键现在对我来说没用啊，就是白送给我都不要。我是做生意的，不能进一批无用的东西占用资金和库存，亏本的生意我可不做。"

张国浩："李总，我记得您之前对这两台设备非常感兴趣啊，为什么现在突然改变主意了？"

客户："计划赶不上变化，现在公司效益不好，在缩小生产规模，我也是不得不取消之前的订单。"

张国浩："李总，赶快做决定吧！咱们交往这么长时间了，您应该信得过我。"

客户："我知道你开出的价格很实惠，但我现在只要购买就是赔钱的，过段时间再说吧！等到形势好转了，我一定会购买你的设备的。"

张国浩眼看不能突破客户的心理防线，急中生智，对客户说："李总，虽然我为您争取的优惠只有10%，但更换设备之后产生的巨大经济效益就不能单纯地用金钱来衡量了吧？采用全新的设备，您的公司就能提高生产效率，加快达到生产目标。现在整个行业不景气，谁抢先一步占领市场，谁就将获得最大市场，您说呢？"

客户犹豫了一会儿，最终肯定了张国浩的意见，并夸奖道："你可真是一个专家啊，幸亏听了你的意见，不然我损失可就大了。"

客户说出"过段时间再买"时，他就已经不准备在今天购买，而下一次购买的时间尚未可知。因此，销售员一定要将客户留在店里，创造销售产品的机会。销售员可以进一步讲述产品的优势，增强客户对产品的良好印象，并强化此刻不买的弊端，促使客户下定决心立刻购买。

第六章
销售 ≠ 出售，售后服务同样重要

建立档案，不要忘记客户

要想将销售深入进行下去，就不能把销售看成一次性的出售行为，只有不断吸引新客户，将已有客户转化为忠实客户并维护老客户，才能不断增加销售业绩和市场份额。客户管理便是达成以上目标的有力手段。所谓客户管理，是指对已经有业务往来的客户进行系统的辅导与激励。客户管理的方法多种多样，其中最方便简易的方法是建立客户档案，对客户的各项资料进行科学化记录、整理、分析和应用，从而巩固双方的关系，提升销售业绩。

有三个人来到了某车行，经过长时间的挑选和考虑，又与销售员进行了沟通协商，最终这三位客户分别购买了一辆白色雪佛兰轿车、一辆越野跑车和一辆农用车。办完手续以后，三位客户开着自己喜爱的车离开了，而销售员则心满意足地看着他们离去。

车行老板得知刚刚做成了几笔生意，便赶了过来，找到销售员问道："刚才买车的那三个人你做了记录没有？"

销售员对此不以为然："还要做记录？他们已经购买了，单据就在这里呢，这次销售成功了就行了呗！"

"那你能告诉我那三个人都是什么身份吗？如果下一次他们其中某个人再一次来到咱们这里，你能很快认出他吗？你能保证他们记住你了吗？他们对咱们的产品印象如何？"车行老板一口气问了销售员好几个问题，销售员哑口无言。

这个案例中的销售员认为把东西卖出去就万事大吉，并未把客户管理放在心上。实际上，不进行客户管理是售后服务不完善的表现。作为销售员，不能忽视客户管理工作，只有把客户管理做到位，才能把售后服务工作上升到一个更高的层面。

客户管理工作可以从建立客户资料卡着手。建立客户资料卡有诸多好处：可以区分已有客户与潜在客户；可以依此规划收款付款的顺序；能对每位客户的销售状况和交易习惯有一个大致了解；销售员有事忙不开时，接替者可以依据客户资料卡为客户服务；可以依此拟订合理而具体的拜访计划；可以为其他销售员提供有价值的资料；可以根据客户的信用度调整交易额，制定具体的销售政策。

客户资料中应包括以下内容：

基础资料

客户名称、地址、联系方式、经营管理者、法人代表等。

客户特征

服务区域、销售能力、发展潜力、经营观念、企业规模等。

业务状况

销售业绩、经营者素质、和本公司的业务关系与合作态度等。

交易现状

客户保持的优势、未来对策、企业形象、交易条件、信用问题等。

销售员从一开始拜访客户就应着手整理和补充客户资料卡的内容，并随着时间的推移对其完善和修订，然后在开展业务过程中充分利用。每次拜访客户前，销售员要先查看客户的资料卡，确认客户的重要信息，然后对客户资料卡上的资料进行分析，将其作为拟订销售计划时的参考。

销售员利用客户资料卡进行客户管理时，应把握以下原则：

（1）动态管理

客户的情况随时可能发生变化，销售员不能在建立客户资料卡后对其置之不顾，而应随着客户情况的变化进行调整，剔除过时的资料，及时补充新的资料，使客户管理保持动态。

（2）突出重点

客户资料卡中不仅包括已有客户，还有未来客户和潜在客户，销售员要从这些客户资料中找到重点客户，为选择新客户、开拓新市场提供支持。

（3）灵活运用

建立客户资料卡的目的不是变成整理控和收集控，而是要合理运用客户资料，所以不能将建立好的客户资料卡束之高阁，而要对其进行详细分析，使死板的资料变成活生生的材料，为提高客户管理的效率创造便利。销售工作是一个系统的过程，从寻找客户，与客户沟通协商到与客户成交，然后继续吸引新客户，维护老客户，销售员必须依靠客户管理来维持良性运转。客户管理是保证客户忠诚度、扩大客户群的有力手段，其中尤以建立客户档案和客户资料卡效果最为显著。

客户有情绪，就让他发泄出来

人们都想要追求完美，但世界上并不存在完美的事物，再好的东西都有可能有一些让人非常恼火的缺点。因此，在销售活动中，即使是一流的企业与一流的销售员都无法避免遭到客户投诉。在遇到客户投诉时，销售员一定要察言观色，以最合适的方式方法来与客户理性交流。一般情况下，客户在投诉时情绪激动，异常愤怒，甚至会不由分说地先痛骂一顿。这其实是客户在宣泄自己的情绪，使自己不快的心情得到释放和缓解。在这种情况下，销售员切不可火上浇油，与客户对峙，而应立即向客户道歉，并采取措施解决问题。

（1）从倾听开始

倾听是解决问题的关键，销售员在倾听客户投诉时，不仅要听客户说话的内容，还要注意对方的语调与音量，以便了解客户的真正情绪。在听完之后，销售员要向客户复述一遍，使其知道自己的话被认真倾听，向其表明自己的真诚和尊重。如果客户发现自己有的地方没有说清楚，他也会再说一遍。

比如："刘先生，您是说，一个月之前您在我们这里购买了一部手机，但买回去之后发现它会无缘无故地死机，来到我们的手机维修中心检测也没有发现任何问题。您很不满意这种情况，经常死机对您的生活造成了很大困扰，所以要求我们更换产品，我理解得对不对？"

（2）认同客户的感受

客户在投诉时情绪激动，流露出失望、生气、愤怒和烦恼等情绪，不要认为这是针对你个人的行为，只不过是客户把你当成了可以发泄的对象而已。客户的情绪是有原因的，销售员应该非常重视，并用合理的方法迅速地加以解决，首先要让客户知道你认同他的感受，对其非常关心："刘先生，十分抱歉，让您这么不高兴，我非常理解您现在的感受。"

（3）引导客户情绪

道歉并不意味着承认自己有错，其实"对不起"或"很抱歉"主要是向客户表达对其遭遇的同情和遗憾。销售员不用担心客户因你的道歉而得理不饶人，要知道对客户情绪的认同只会将客户引向解决方案。这时，销售员要懂得运用一些方法来平息客户的负面情绪，化解客户的愤怒，比如转移话题、请示领导等。

（4）表示愿意提供帮助

客户投诉时不仅情绪激动，也有紧张的成分。因为他在使用产品或者享受服务时遇到了问题，而这个问题是急切需要解决的，拖时间太久对他也是不利的。因此，销售员应该促使客户关注如何解决问题，并乐于向客户提供帮助，使客户感觉到安全和保障，进而消除其对立情绪，甚至使其对你产生依赖感。

（5）解决问题

一般情况下，公司会提前对客户的投诉准备预案，在提供解决方案时要注意以下几点：

①为客户提供选择。一般来说，解决一个问题的方法并非只有一种，为客户提供多种方案供其选择，会让客户感到拥有支配权，从而在实施方案时更加配合。

②诚实地向客户承诺。销售员并不一定能确保解决客户所有的投诉，毕竟有的问题非常复杂。因此，销售员不要向客户轻易承诺，而应诚实地告诉客户自己会尽力寻找解决问题的办法，并约定回复的时间，然后如期联系客户。假如到时仍没有解决方案，销售员也要准时给客户回话，向客户解释不能解决问题的原因，并再次约定答复时间。总之，销售员对待客户要诚实，这样会更容易得到客户的认可。

③适当地给客户一些补偿。既然为客户造成一定的困扰，销售员可以从公司得到授权，为客户提供适当的补偿，以弥补公司操作中的一些失误。不过一定要格外注意的是，解决问题之后必须改进工作，避免在未来的工作中出现相似的问题。

客户花钱购买了产品或服务，没有得到应有的体验，反而生了一肚子气，自然想要宣泄情绪，于是向公司投诉。在接到投诉时，销售员要先接下客户的投诉，向其表示认可和同情，并将客户的情绪引向解决方案。在帮助客户解决问题时消除客户的对立情绪。

保持跟进，成交之后关心客户

销售行业有一个共识：维护好一个老客户远比开发一个新客户更划算，因为成本和精力的投入会更少，而且老客户的成交潜力会继续放大，并很有可能为销售员介绍新的客户。

客户群并非一日就建立起来的，而是随着销售员的从业时间增加而慢慢建立的。老客户的关系也并非一次成交就能建立的，而是需要初次成交后不断跟进才能最终形成互相信任的关系。

一般来说，跟进客户的方法主要有以下几种：

（1）成交后的回访

与客户初次成交后，销售员应该及时向客户做回访。比如，大宗贸易中，在发货后应该及时用正式方式通知对方已发货物的到货时间、货运公司详情及计划到货时间和查询方式等，使客户对销售员的工作进程有充分的了解。

假如货物需要安装调试，销售员应事先了解客户安装设备的时间，并在客户开始安装设备时主动联系客户，提出为其提供支持和配合的请求，并让客户把在安装及使用过程中发现的问题告诉自己，以做记录和处理。这样做可以让客户感觉受到重视，让客户买得放心，用得安心。

（2）向客户介绍产品信息和公司动态

公司的产品会随着产品政策或者公司业务做出调整，销售员要在有变化的时候及时通知客户，以便客户根据公司的变化做出调整，避免在平常的交易中产生不必要的麻烦。客户会觉得销售员时刻为他着想，对其信任度会显著提升。

（3）做客户的知音

在与客户的日常交流中，销售员要密切关注客户公司在管理和营销方面的信息，及时与客户进行沟通和交流，让客户感觉到销售员不仅关注成交与否，对客户公司的发展和成长更为关注。

很多公司在发展过程中难免会伴随着一些问题，这时销售员就可以运用自己的专业技能和相关知识帮助客户解决问题，即使能力不够也没关系，尝试把自己公司的一些成功经验传授给客户，让客户参考一下也未尝不可，说不定会对客户帮助很大。客户由此会对销售员产生更大的信赖感，甚至产生依赖性，以后碰到问题会主动与其沟通，客户的忠诚度无疑更加巩固了。

（4）关注客户变化并及时跟进

销售员要通过各种渠道关注客户的变化，比如经常登录客户公司网站察看动态；与客户公司员工交流沟通，从侧面了解一些情况；通过统计自己公司与客户公司的成交数据发现变化。

因为客户公司在发生变化时不一定会通知销售员所在的公司，所以一旦发现状况，销售员应及时跟进维护，以避免客户流失。这样做会让客户觉得一直受到关注，所以会在有问题时及时与你联系，寻求帮助。

（5）建立客户投诉机制

要让客户明白，本公司欢迎客户提出任何不满意的地方，并会对投诉非常重视，尽快加以解决，使其没有后顾之忧。但是，有的客户在碰到问题后并不会告诉销售员，而是在以后需要产品时更换其他产品。所以销售员不能守株待兔，一定要主动与客户多沟通，询问客户是否有不满意的地方，如果有则及时改进，并承诺以后会越做越好，激发客户提建议的积极性。

（6）感情维系

销售员要在工作以外的时间多在客户那里找一些存在感，多和客户聊聊天，这样才能与客户保持良好的关系。比如，销售员可以在节假日为客户发送节日祝福，这就是所谓的"感情投资"。一旦让客户知道你心里记着他，客户就会非常感动，只要产生需求，第一时间想到的肯定是与他关系最好的销售员。

20世纪40年代，一个小伙子刚刚中学毕业就来到美国密歇根州一家生产销售工业机床的公司应聘销售员。在这家公司他是年纪最小的销售员，同事都觉得他没有经验，是一个毛头小子，肯定做不长久，顶多两个月就会被公司解雇了。

正如同事们所说，小伙子尽管每天早出晚归，但两个月下来，他只卖了5台机床，根本没有完成基本的销售任务。

经理警告他，下个月必须至少卖出8台机床，不然就只能拍屁股走人了。小伙子这时却非常自信地笑着说："下个月我至少能卖出20台！"

同事们简直不敢相信自己的耳朵，都觉得这个小伙子是个吹牛大王，看他到时候怎么收场。小伙子仍然像以前那样早出晚归地跑业务。

有一天，经理外出公干，却在路上看到这个小伙子刚刚从一位已经购买过机床的客户那里出来。他很好奇，就拉住小伙子，问他为什么还要跑到这里。

小伙子告诉经理，自己在做业务，而且还要去另一家工厂，刚说完就快步跑开了。经理又想起来，那家工厂刚在半个月前才买过两台机床，经理原本想提醒他多去挖掘新客户，可是小伙子已经跑远了。

经理回到公司后对同事们说了今天见到的情况，所有的同事都笑了起来："这小子恐怕在公司待不下去了！"

出乎所有人意料的是，小伙子在当天居然带回了一份大订单，有家客户足足订了5台机床！到了月底，更让人大跌眼镜的是，他在这一个月里居然卖出了47台机床，全公司没有人比他卖得多。

所有人都很好奇，问他是怎么完成如此大的销售量的。小伙子没有立即回答，反而卖了一个关子，问了他们一个问题："你们觉得哪个环节是销售中最重要的？"

"当然是在成交之前啦！只要在成交之前做得足够好，销售就能达成。"

小伙子摇摇头说："你们说得不对，真正的销售是在成交之后。我在成交之后不会把客户甩开，而是继续关注他们。我在这一个月一直和客户联系，而且提供各种服务，这让他们对我的印象越来越好，也对我们的产品越来越认可，都非常积极主动地介绍新的客户给我。因此，我不仅保住了老客户，还吸引了更多的新客户，所以成交量就很快提升上来了。"

听了小伙子的这一番话，大家这才恍然大悟。

后来，小伙子又到一家汽车公司当销售员，他就是被誉为"世界上最成功的推销员"的乔·吉拉德，他曾创下连续 12 年平均每天售出 6 辆车的世界纪录，至今无人能破。

老客户能带来新客户，而老客户的忠诚度也是一步步建立起来的。初次成交之后，销售员不能做甩手掌柜，不再联系客户，而应该及时跟进客户，主动询问客户的情况，做客户的顾问和朋友，维系彼此之间的友好关系和信任关系，从而巩固客户的忠诚度。

以旧带新才能扩大客户群

有些销售员在成交之后大喜过望，准备离场打道回府。过于着急可不是什么好事，就算客户没有反悔，也错过了趁热打铁，请客户转介绍新客户的机会，白白浪费了扩大客户群的宝贵时机。

一成交就消失，一定无法成为顶尖的销售员。顶尖的销售人员一旦与客户确立了良好友善的情感气氛，不管客户买不买他的产品，都会找到合适的时机请客户帮助转介绍。当销售高手遇到客户拒绝购买产品的情况时，他会说："先生，我想目前您可能已经有这件产品了，请问您身边的朋友中有谁更需要这件产品吗？如果有的话，可不可以介绍他们来我这里了解一下？"

客户之所以不愿转介绍客户，主要是害怕产品带来的问题会给朋友带来麻烦，影响彼此之间的关系。因此，销售员必须让客户放心才行。如果销售员的业务水平、性格心态和待人接物的能力都能获得客户良好的口碑，让客户知道你确实是在为他着想，获得客户转介绍就不再困难。

当然，如果提出让对方转介绍客户的请求遭到了拒绝，也不必强人所难，要赶快转移话题，给自己找一个台阶下。

客户转介绍是发掘新客户的重要渠道，有着效率高、成本低、客户质量高等优点。不过要想获得客户转介绍，需要做好以下三点：

（1）要提高客户转介绍的积极性

提高客户转介绍的积极性要从以下两方面着手：

一是提高客户对销售方的信任度，包括销售员、产品、销售方式、企业与品牌等，其中客户对销售员的信任最为重要，因为销售员是直接接触客户的人。没有客户对销售员的信任，就没有对其他方面的信任。

销售员要想获得客户的信任，就必须真诚友善地为客户服务，帮助客户解决各种问题，与客户交朋友。在其他方面，产品与服务的品质要达标，销售方式要能被客户接受，而且企业要做好客户关系管理，培养客户的忠诚度。另外，企业要想取得客户的尊重，需要体现出社会责任感。

二是保护客户的利益不受损害，并且要使其受益，这样才能提高客户转介绍的积极性。

（2）要引导客户进行转介绍

千万不要觉得请客户帮忙介绍是一件难为情的事情，其实这是对老客户的信赖，同时也可以体现出销售员的自信。

在请求客户转介绍时，对于那些转介绍意愿非常强烈的客户，使其成为编外的销售员是一个不错的办法。这样一来，当销售员不方便与被推荐人直接面谈时，客户可以起到辅助作用，为今后销售员直接与被推荐人联系铺路。

（3）要做好客户转介绍后的跟进

当客户转介绍成功后，销售员要尊重客户的劳动成果，尽快与被推荐人联系，并及时将与被推荐人的联系情况反馈给客户，同时尽最大努力把被推荐人转化为客户。刚一开始，销售员由客户牵线搭桥，与被推荐人建立初步的信任关系，不过，要在之后尽快与被推荐人建立直接的对话关系。

高明的销售员不管是否成功销售产品，只要与客户的交谈氛围比较融洽，就会适时提出让客户帮忙转介绍的请求。要想让客户同意请求，应该先取得客户的信任，并引导客户转介绍。一旦客户成功转介绍，一定要尽快与被推荐人联系，并尽早与其建立直接的对话关系，想办法将其转化为真正的客户。

心怀客户，满足客户的真正需要

随着科技的进步，互联网、物联网的快速发展，消费者在选择产品时有极大的主动性，其需求也更加多样化与个性化。随着大量新产品的涌现，巨量的信息也困扰着客户，客户可能被一些新颖的产品吸引，而忽视了对产品自身性能的关注。

整体来看，如今的消费市场属于买方市场，买方处于强势地位。因为客户的需求呈现多样化、个性化的特征，目前各种商品的细分市场正逐步崛起。根据这一趋势，销售员必须学会洞察客户的需求。

有的人认为赚钱是销售员的唯一目的。其实不然，销售是为了促使好的产品最快地到达最合适的人手中，销售在资源的配置过程中，功不可没。

作为销售员，我们应该明白，销售的最终目的是为了给客户提供更好的产品，让客户能够拥有更多产品资源的选择。只有帮助客户做出更多的比较，与其进行更多的合作，客户才会更加省心，获得更多便利。当我们真正地帮助客户获益，自然也就有了回报。

我们与客户虽然是买卖关系，但并不是对立的，可以理解为是硬币的正反两面，是一种和谐共存的关系。作为买卖双方，都希望找到一个放心的、能够长期合作的生意伙伴。

虽然销售员要赚钱，但绝不是单纯来要钱的，你要为客户提供最好的产品、最好的服务，为客户分忧。

与客户建立好感的过程是曲折复杂的，我们应当重视与客户的每一次交流，即使失败了，也不要气馁，而要把它转化为下一次交流的经验。只有拥有了这样的心态，我们才能够逐渐获得客户的好感。

那么我们如何做，才能为客户分忧，让客户信任我们呢？

（1）情感塑造法，做到以情感人

作为销售员，你可以为你的产品打造一个感人的故事。故事主题可以是爱情、亲情或友情。但无论是什么，故事的内容一定要与你的产品相契合，还要想办法展示产品的独特性，让别人能一下子就记住你的产品。例如，你是卖蜂蜜的，你的蜂蜜是纯天然、无污染的，你就可以通过网络直播的方式把蜂蜜的整个生产过程展现在消费者面前，这样客户会觉得你是真实可信的。

（2）通过实力证明自己的产品品质优良

作为销售员，你可以拍摄展示产品独特之处的照片，可以通过展示与客户的聊天记录来证明客户对你的高度信任，也可以发布一些真实收款截图，还可以是工作环境真实写照。总的来说，就是想办法把你的优势展现出来，让客户一目了然，相信你的产品！

（3）你必须讲求诚信经营，做到一诺千金

诚信经营是商家的立身之本，无论你是实体营销还是网络营销，都必须遵循这项原则。具体要求是，30 天内商品如果出现问题，必须包换；7 天之内出现问题，则必须无理由退款。如果立下这样的承诺，且能如实兑现，那么就会大大减少顾客的担忧，使他们逐渐增加对你的信任。

作为一名优秀的销售员，我们要学会差异化营销。具体来讲就是要因人而异做销售。对一些成功人士，我们切忌点头哈腰，要做到不卑不亢；对一些社会地位较低的客户，我们切勿咄咄逼人，强势营销。此外，我们要永远怀着一颗谦卑的心做人做事，在与客户交流的过程中，要时刻把客户的事情放在心上，要考虑周到，做到全心全意为客户分忧。

乔·吉拉德是美国也是世界上最著名的汽车销售员，他曾

经创下吉尼斯汽车销售纪录：12年内平均每天销售6辆汽车，该纪录至今无人打破，可谓销售界的奇迹。

乔·吉拉德曾经说过："最重要的事情就是要对自己真诚，并且就如同黑夜跟随白天那样肯定，你不能对其他人虚伪。"

销售员应该常听到这样的话："在建立信任之前不谈产品，在塑造价值之前不谈价格。"说的也是要建立与客户的信任。

一位外国学者曾经做了一个实验，实验的内容是让人们说出自己喜欢的描述人们个性品质的词语，同时要说明喜欢的程度。在排名结果中，位列前八位的词语分别是：真诚、诚实、忠诚、真实、理解、理智、可靠、信得过。

我们不难发现，这八个词语中，有六个都与"诚"相关，这位学者还发现，在人们最不喜欢的个性词语中，虚假排名第一位。

作为销售员，我们更应该做到诚信经营。在销售过程中，销售技巧很重要，但技巧绝不能超越甚至取代销售员诚恳的态度。销售员应该开诚布公地与客户交谈，诚实守信地做事，最终才能赢得顾客的信任，成为销售场上的赢家。但对于大多数销售员来说，在激烈的商业竞争和商业谈判中，想要很快与顾客建立信任关系，是一件比较难的事情，这需要长久坚持和不断努力。你要做最真实的自己，只有这样，你才能最快地获得对方的信任。

做真实的自己，需要你能够对自己和自己的产品有一个很客观的评价。例如，当你与顾客首次交谈时，你可以开门见山地讲："我这个人别的都好，就是有一个小毛病，怕顾客不清楚，会说得比较多，如果您已经清楚了，不想听下去，可以直接告诉我。"这样做，客户会觉得你是一个坦诚实在的人，那么对于你的产品介绍，客户也会觉得可信度较大。

当你与客户的关系有了进一步的发展时，你可以这样讲："您是最优质的客户，您对产品有任何的不满意，请随时告诉我，我会立即向厂家反馈，解决您的问题。"这样做，客户就会觉得你是一个尊重人的销售员。尊重他人的人也能够获得他人的尊重与信任。

综上，开诚布公谈销售，就是要注重自己对顾客的承诺，也要注重自己的产品质量。如果能够在产品质量上使顾客信服，在交流中尊重顾客，那么你自然而然也会受到顾客的欣赏，你的销售业绩也会提高。

对于客户的任何质疑，销售员要做到知无不言、言无不尽，尽量使顾客对你和你的产品满意，这样你的销售事业才会有更大的进步。

然而现实生活中，很多销售员做不到这些。面对顾客的提问，他们会很不耐烦，这样往往造成了顾客的流失。

那么应该如何做，才能机智应对客户的牢骚与质疑，更好地与客户交流，促进产品的热卖呢？

步骤1：将心比心，理解客户感受

面对客户的牢骚与质疑，不要采取"针尖对麦芒"的态度，要学会将心比心，要站在客户的角度去思考，这样，当客户有质疑时，我们才能理性倾听，并做出有策略的回答。

例如，当产品出现质量问题，顾客非常愤怒时，我们应该积极应对："产品竟然存在这么大的问题，是我们的责任，请您消消气，我们现在就上报总部，一定会给您一个满意的答复。"这样的话，可以缓解客户急躁的心情，也便于处理问题。

步骤2：询问核心问题，让客户具体表达

当你详细地了解了客户的核心困惑时，先不要急于回答，而是要进一步询问顾客，让客户自己对核心困惑做出更详细的说明。这样做有两个好处：一是表明你对客户的尊重；二是通过进一步聆听，获取更为有效、更加重要的信息。简言之，我们销售员就是要在没有全面了解客户的真实需求时，尽量做到倾听客户的声音。

步骤3：进一步发现质疑的真正动机

任何质疑的背后都潜藏着动机。当客户埋怨产品价格高时，他们往往不会直接提价格高，而是会变相地质疑，比如质疑产品是否为高仿品。此时，我们就应该把握住客户追求物美价廉的心理，进行合理的解释。例如，我们可以这样说："产品绝对童叟无欺，我以自己的信誉以及店面的信誉担保，如果出现质量问题，假一赔三。当然，鉴于您是初次购买，为了以后的长期合作，本产品我可以给您一个九折优惠，您看怎么样？"

如果你能把握住客户的真实心理动机，想到并且说出客户所需要的东西，打消客户的顾虑，交易成功是很自然的事。

步骤4：明确客户疑问，给出有针对性的答复

所谓做事要有针对性，这样办事效率才会高。作为销售员，你更应该如此。当你明确了客户的疑虑时，你就要学会跟进客户的疑问，说出解决的办法，及时地为客户解决问题，从而赢得客户的信任。

当然以上这些只是宏观上的一些策略，在具体实施过程中，还需要遵循一定的原则，具体如下：

（1）遵循循序渐进的原则

刨根问底是一门艺术，而不是简简单单地直接询问。我们要在综合了解客户的性格、产品的问题症状后，再根据客户提供的信息，一步步地进行回应，这样才能顺利地把事情解决。

相反，如果你不管三七二十一，直接用一种简单粗暴的方法进行询问，可能会激怒客户，即使你的本意是好的，也未必

能得到客户的谅解。

（2）要做到知己知彼

不要把客户都想象得特别友好。所谓"知己知彼，百战不殆"。销售员要做的就是对客户的性格、心理了然于胸。

虽然说"顾客是上帝"，但并非所有的顾客都是上帝。对于一些无理取闹、恶意攻击的顾客，你就要区别对待，如果他们做得太过分，你就要找相关部门协商，甚至通过法律手段来维护尊严及信誉。

（3）要有良好的工作态度

良好的工作态度在销售工作中的具体表现为热情周到、文明礼貌、尊重顾客。

也许你认为这不过是一句口号，是一件很简单的事情。其实在落实的过程中，能坚持下来的人寥寥无几。

所谓"坚持就是胜利"，只有那些在实践中践行这些原则的销售员，才能够在销售的道路上越走越远。具体做法是，在工作时段始终保持积极的工作态度，提供最真诚的服务，给顾客留下最深刻的印象。

另外，在面对不同性格的顾客时，要在因人而异的基础上，尽量做到保持足够的耐心。这样做不仅可以使顾客满意，赢得顾客的信任，更能够促进口碑传播。

总之你在销售工作中，一定要秉持"没有最好，只有更好"的信念，坚持良好的工作态度。

综上，作为一名优秀的销售员，你要从多方面了解客户的问题，要带着好奇心，发挥刨根问底的精神，让客户多说话，自己多聆听，这样才能获知客户最真实的想法与需求，我们的销售工作才能更具有针对性，更有效率。